# 男と女のワイン術

伊藤博之
柴田さなえ



日経プレミアシリーズ

# はじめに――ワインで「一線」を超える

故・伊丹十三監督作品、『タンポポ』をご覧になったことはおありでしょうか。ストーリーはともかくとして、こんなワンシーンがございます。

取り引きをしているふたつの企業の、フランス料理店での会食の席でのこと。テーブルを囲む面々はメニューを見ながら、その日のお料理が決められません。お料理をなににしようかと迷っているのではなく、フランス語（おそらく）で書かれたメニューの内容がわからないのです。

結局、接待する側のおひとりが「舌平目のムニエル」「コンソメスープ」「ビール」と給仕に告げると、接待される側の面々も同様のメニューをオーダー。「お飲物は？」と聞かれると、「じゃあ、私もビールにしてみるか……」

しかし、末席の若造の様子はなにやらひとり違います。接待する側にも関わらず、ひとり楽しそうにメニューを眺めながら、「クーネルのブーダン風って、フランスの『タイユヴァン』っていうレストランで出していたと思うけど……」と給仕に尋ねるのです。すると給仕の表情がガラリと変わり、「よくご存知ですね、うちのシェフが修業をしていたもので」と好対応に。さらに若者は、「僕は今朝からコルトン・シャルルマーニュ（フランス・ブルゴーニュの高級白ワイン）の気分なんだ。81年はあるかしら?」と加えます。給仕は重役たちを一瞥し、意気揚々と答えます。「では、ソムリエをお呼びいたしましょう」。重役たちの顔は一気にゆでだこのように赤らむのです。

映画は1985年上映とかなり古いものですが、似たような場面は約30年経ったいまでも見られるのではないでしょうか。

場所や集う人々、シチュエーションなど、いろいろな要素を加味し、その場に合わせたワインをさらりと選べる方は、とてもスマートです。もし知り合いの殿方が、レストランでおいしいワインを選んでくださったら、ただの知人が、「少しかっこいい男性《ひと》」、と見る目が変わります。

ワインは、その人に別のキャラクターを持たせる、不思議な力があります。いい意味で、ギャップを生む飲みもの、それがワインだと思うのです。

私は、ワインが大好きですが、決して深い知識は持ち合わせていません。しかし、レストランで、ワインショップで、自分の好みの味わいに7割方たどり着くことはできます。ですからワインは、難しくなく、「おいしい」。

そして、いつも思います。ワインはたった一本の線をまたぐか、またがないか、それだけでたどり着けるおいしさがちがう、と。

今回の執筆は、この一線とはなになのか、それを探す旅でもありました。

そもそもこの本のスタートは、2011年『日経プレミアシリーズPLUS』で「ワイン・コンシェルジュ」という連載を担当させていただいたことがはじまりでした。

さらに遡り、2006年頃、フリーランスの編集者として活動する傍ら、ワインを学びたいという気持ちでアルバイトをさせてもらった銀座の「わいん厨房たるたる」で、この本のもうひとりの著者である伊藤博之さんに出会います。お店のオーナーであり、ソムリエであり、私のワインの師匠でもあります。

伊藤さんはワイン業界では、ちょっとした異端児と申し上げていいかもしれません。前職では人工サファイアに関する研究技術職をしていた理系出身者。そのせいでしょうか、ワインの捉え方、お客さまへのすすめ方が、ほかのソムリエの方とはまったく違う気がいたします。前述の連載「ワイン・コンシェルジュ」第1回に登場してもらったのですが、その際、伊藤さんとお店のことをこのようにご紹介いたしました。

「銀座におもしろいお店があります。

店内は失礼を承知で申し上げますと、素っ気ない、殺風景、そんな言葉で表現するのが最適です。入り口に立てば全景が見渡せてしまう広さで、まずなんのお店かわからないと思います。

おもしろいのは、こちらの店主。ソムリエの資格をお持ちの、ワイン・コンシェルジュ。

レストランのソムリエさんとなにがちがうのかと申しますと、ワインのことならなんでも聞けるという点です。ですから、コンシェルジュ。

レストランのソムリエさんは、ワインの知識がないとやはりなんだか話しにくく、わからないことを解決してくれる人ではないという認識がされているような気がします。しかし、こちらの店主は、出で立ちがそうさせるのか、知らないことを恥ずかしいことだとはまったく思わせないのが不思議です。そのせいなのでしょうか、新橋界隈の会社員の殿方のたまり場と見間違うほど、店内はいつも男性客で大にぎわい。女性客の比率はとても低い、ワインを飲ませるお店では非常にレアなタイプです。

なぜ私が今回、こちらのお店をご紹介するかと申しますと、こちらでワインを決める（選ぶのではありません）にあたり、店主が誘導してくれる質問というのが、接待や会食に非常に役立つのではないかと思うからです」

このようなご紹介とともに、伊藤さんが「たるたる」でどのようにお客さまにワインを決めさせているのか、伊藤さんの口上とともに記したのです。

そこに書いたことが後に1冊の本になろうとは、そのときはまったく思っていませんでしたが、今日出版に至ったのは、ワインはたいそう難解な飲みもの、という世の中的なイメージがそう変わっていないからだと思います（だいぶカジュアルな飲み方が広まってきたとは思いますが）。

そしてもう一方で、その難解さからか、世の殿方（とくに40代後半以降）の多くが、ワインを理解できれば（正確に申しますと、語れれば）、女性を口説けるとお思いになってやまないようで、そのお声にもお応えするに形になりました。

私からすると、「ワインで口説ける！」とは少々時代錯誤なお考え（失礼）かとは思いましたが、冒頭でもお話ししたように、その場にふさわしいワインをさらりと選んでくださったのならば、そのときは「まぁ！」と胸ときめくこともございましょう（そのときは）。ばしっと、ほれぼれするような味わいを選んでくださるだけでいいのです。そうすれば、意中のお相手からの株も上がるはず（口説けるかはわかりませんが）。

前置きが長くなりました。

こちらの本は、「ワインを選べるようになりたい」とお思いの方々に、いかに簡単にワインの選び方を伝えようかと苦心した結果です。世にあまたあるワインの教本とは異なる趣で、興味深く、明快に、ワインを選べるようにするにはどうしたらいいのか。

なぜ、多くの方が「ワインがわからない」とおっしゃるのか。それは、なにがわからないのか。よく耳にするのは、「品種や生産地を覚えられない」「名前が複雑でよくわからない」。本当にそうなのでしょうか。

そして取材を進めるうちに、見えてきたことがありました。

わからないのは、「どう飲んでいいのか」ではないかと。

それはワインにまつわるマナーや、「高級ワインは寝かせた方がいい」などの決まりなどがわからないということではありません。

私たちは、今晩食べたいものを決めるとき、「ハンバーグ！」「しゃぶしゃぶ」と具体的な案にはじまり、大きなくくりで「洋食」「和食」、「肉」「魚」、もっと言えば「しょっぱいもの」

「辛いもの」「さっぱりとしたもの」と味わいを思い浮かべることがあります。

ワインも、それと同じなのです。「今日は、軽い、さっぱりしたものが飲みたい」「ガツンとしたのがいい！」。

しかし、ここでぶつかるのが、陳列棚のどのワインが「さっぱりした味わい」なのか「ガツンとした味わいなのか」がわからない、ということ。


本書が目的としたのは、何百種と並ぶ陳列棚のなかから、自分の好みの味わいのワインを手に取れるようになる、ことです。

まずは自分の「好きな味わい」とはどのようなものなのかを知り、そこから広がる味わいを知り、選べるようになる。そのための方法を1冊にまとめました。

書かれていることは、ワイン教本のような暗記事項ではありません。読者のみなさまが、ご自分の好きなワインにたどり着くために、体験してみていただきたいことです。

決して難しいことではなく、もし体感できれば、今後あなたがワインをご一緒に飲まれる方を導いて差し上げることもできるはずです。結果「口説きのワイン」になるかもしれません。そのお相手は女性だけでなく、お近づきになりたいご友人、ビジネスのご接待など、お取引先を口説けたら、そんなにいいことはないのではないですか。

本編では、「ワイン・コンシェルジュ」でご紹介した口上よりもっと詳しく、そして伊藤さんが自らお話しになります。

途中、「Tips」として、殿方に向けた「口説きコラム」もご用意しました。そちらは女性として、そして個人としての主観も交え、私がお話しさせていただきます。「口説き」のお役に立てるのならば嬉しいのはもちろん、ワインでご婦人をスマートに口説ける殿方が増えたら、という私の願いも込めて。

2014年12月

柴田さなえ

# もくじ

# 第2章 ワインの味わいを知る

# 白はマコン、赤はボルドーのメルローをまずは飲むべし。



チリやオーストラリアのワインはなぜ味が濃く感じるのか?

ヨーロッパのワインは余韻が長く続くものが多い

高いワインはなぜ高いのか

果実味タイプの典型例は、チリの「サンライズ」

白ワインが辛口かフルーティーかは産地を見ることで、大別できる

辛口の白ワインはスーパーで買いにくい

冷涼な地域の白にはリンゴ酸が多く、温暖な地域の白には酒石酸が多い

なぜ赤は室温、白は冷やして飲むのがいいのか

1000円台の赤ワインに「渋味」は求めてはいけない

小粒のぶどうで造られたワインほど渋味は強くなる

第1章

# 身近な価格のワインほど、アタリとハズレの落差は大きい。

スーパーやコンビニで選ぶ

## 約10万本の銘柄を飲んで見えてきた１０００〜３０００円のワインのアタリハズレ

東京・銀座に「わいん厨房たるたる」をオープンして14年が経った。この間、お客に提供する良質で安価なワインを探すため、とにかく多くのワインを試飲することを心がけてきた。

２０１４年（11月現在）は合計１万８０００回を超え、開店の２０００年から計上すると約10万種をうかがう試飲回数にのぼる。

試飲したものは10点を満点とし、「価格対品質」に見合ったものと、傑出した品質の銘柄のみに点数をつけている。その採点を使って「価格対品質」の散布図を作ったところ、興味深いデータが見えてきた。

それは、「ワインのクオリティ（味わい）にもっとも差が出るのは、１０００〜３０００円という価格帯のもの」ということだ（左図）。

最初にこの話をしたのは、本書がターゲットとするワインが、まさにこの価格帯のものだからである。

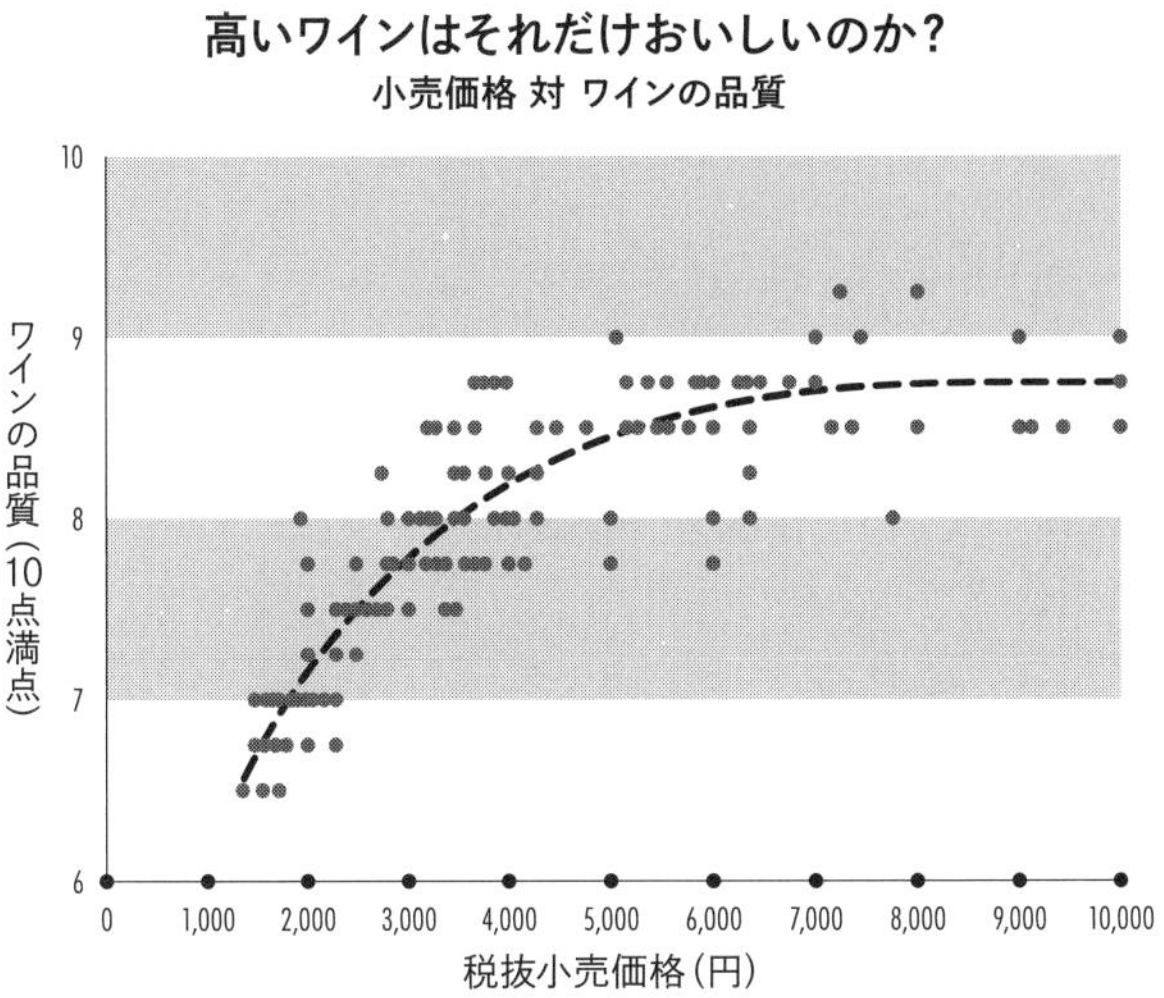


6点：デイリーで楽しめる　7点：特徴がわかりやすい
8点：多くの人がおいしいと感じる
9点：傑出しておいしい　10点満点：ありえないおいしさ
※2011年に試飲した6710回のなかで、よいと思った214銘柄の中から177銘柄について、税抜小売価格を横軸、点数を縦軸にプロットしたもの。6.5点以上を掲載。

店のお客に聞くと、平日に飲むデイリーワインが1000円前後、週末に飲む、ちょっとしたご褒美ワインが1500〜2000円前後、これが相場のようだ。補足するなら、軽い手みやげには3000円、お祝いなどの贈答用に5000円といったところ。

たしかに上の表を見ても、3000円出せば、いずれも点数は7・5点を超え始める。好みは別として極端なハズレがなくなり、まずウマい。５０００円なら間違いなし。なので、妥当な価格だろう。

## ５０００円を超えれば、まずはハズレをつかまない

データに浮かび上がってきた１０００〜３０００円という金額、まさに自宅飲み用ワインの相場と一致する。前ページの図を見ると不思議なことに、５０００円を超えると、７５００円だろうが、極端な話１万円であろうが、得点に差があまりない。これが、先ほど５０００円以上が贈答向きと言った理由でもある。

しかし１０００〜３０００円の間では得点がかなりばらつき、さらに言うと、このグラフには、店で出してもいいと判断した６・５点以上のワインを載せているのだが、その土台に載ってこない６・５点未満の相当数のワインも入れたら、点数がどれだけ散らばりを見せるかご想像いただけるだろう。

このグラフから読み取れるのは、１０００〜３０００円のワインは価格に品質がある程度

追従し、値段に比例しておいしくなってくるものの、同じ価格でも品質にかなり幅があるということ。また５０００～１万円は価格が違えど、品質にあまり幅がないということ。

すなわち、みなさんが多く飲んでいる１０００～３０００円のワインこそ、「選んでこそおいしいワインに出会える、選ぶ目を持たなければハズレを引く可能性もある」ということだ。

## スーパーで買うときは白は生産年の若いもの、赤は、ボルドー産のメルローがよい

では、どうしたらいいのか。身近でワインが手に入るスーパーマーケット、コンビニエンスストア（以下、スーパー、コンビニ）でワインを買う際の簡単なアドバイスから話をしよう。

最近では、巷のスーパーでもとても種類豊富なワインが揃っている。僕が住む東京近郊の、自宅そばのスーパーで数えてみても、一軒でざっと２００種はあった。種類は泡、白、赤、ロゼ、産地はフランス、イタリア、スペイン、ドイツなどのヨーロッパ、カリフォルニアを

代表とする北アメリカ、ニュージーランドやオーストラリアといった南半球、チリやアルゼンチンなどの南米、南アフリカなどなど、多岐にわたる。価格はというと、5000〜6000円台のシャンパーニュの例外を除くと、ほとんどが1000円前後。安いものでは300円台から売られている。

コンビニでも、お酒の棚の中にワイン専用のスペースが設けられていて、少なくても20種類は売られている。価格はスーパーとほぼ変わらない。

これだけの種類があると、ラベルに書かれていることがわからないと、どうやって選んでいいかわからない。

そんなときにおすすめなのが、以下のワインだ。

まず白ワイン。

●若いヴィンテージのもの

ワインのラベルには、必ず「2014」などの西暦が書かれている。これをヴィンテージと言うが、その年号が一番最近のもの。

次に赤ワイン。

●フランス・ボルドー産のもの

ラベルに「Bordeaux」と書かれているので、すぐにわかると思う。

## スーパーでは「きりっと辛口」の白ワインは買えない？

さらにスーパーやコンビニで、以下のワインを求めても、ほぼ買えないと思っていいだろう。

●辛口の白ワイン

よく聞く「きりっと辛口」は、1000円前後で買うことはほぼ不可能。

●酸味のしっかりした辛口白ワイン

「辛口」同様、1000円前後で買うことはほぼ不可能と思っていい。ドイツワインは酸味がしっかりしているが、この価格帯のものの多くは甘さがのせられている。

●渋味のしっかりした赤ワイン

味わいが濃く、渋味がしっかりしたものは1000円前後で買うことはほぼ不可能。しかし、渋味はないけれど、果実味がしっかりとした濃い味わいのワインは買える。極端なことを言えば、1000円前後の赤ワインはほとんどのものは飲みやすい味わいのはずだ。

実際、スーパーやコンビニで買ったワインが、いまいち辛口ではない、もっと渋味がほしいな、と思った経験がある方も少なくないと思う。

## ワイン選びはまず自分の言葉で好みの味わいを言葉にすることから

なぜなの？　と思った方も、理由は本書で明らかにしていくので、まずはアドバイスに従ってスーパーやコンビニで実際にワインを買って飲んでみてほしい。ここで大切なのは、その味わいをあなたが好きかどうかだ。どんな味わいなのか、などの細かいことは考える必要はない。

もし好きなら、明日も明後日も、折に触れ、繰り返し同じワインを飲んでほしい。そしてこの本を読み進めてほしい。

もし好みの味ではなかったとしても、とりあえずこの本を読み進めてほしい。そのワインのなにが、どのように好みではなかったのか、あなたなりの言葉で表現できるようになるだろう。

ワイン選びの第一歩は、「好みの味わいを言葉にすること」である。

と言われても、なにをどう言ったらいいのかわからない。それが正直なところだろう。事実、私の店でもほとんどのお客が、好みの味わいを言葉でぱっと示すことなどできない。だから私が、身近な言葉を使って対話し、お客の好みを探っていくのだ。

そこで次の章では、みなさんがワインの味わいを体感できるように、私が店で使う言葉で、特徴的な味わいを解説していこう。

第2章

# 白はマコン、赤はボルドーのメルローをまずは飲むべし。

ワインの味わいを知る

## チリやオーストラリアのワインはなぜ味が濃く感じるのか？

この章では、ワインの味わいを表現するのに必須である4つの言葉「果実味」「辛口」「酸味」「渋味」を挙げ、これらは一体なんなのか、実際どんな味わいなのかを話していく。言葉の意味はわかっていても、いまいち理解しにくかったそれぞれの味わいに迫ろう。

### ❶果実味／口に含んですぐに感じる味わい

次ページのグラフが表すのは、ワインの味わいの軌跡で、白、赤ワインともに共通。縦軸（Volume）は、ワインを口に含んだ瞬間の味の広がりや膨らみの大きさ、横軸（Time）は口に含んでからの時間の長さ。そしてグラフ内に描かれた2つの曲線は、ニューワールドと、北ヨーロッパのワインの味わいの軌跡を示している。

## 北ヨーロッパのワインは余韻が長い

### 味わいの軌跡

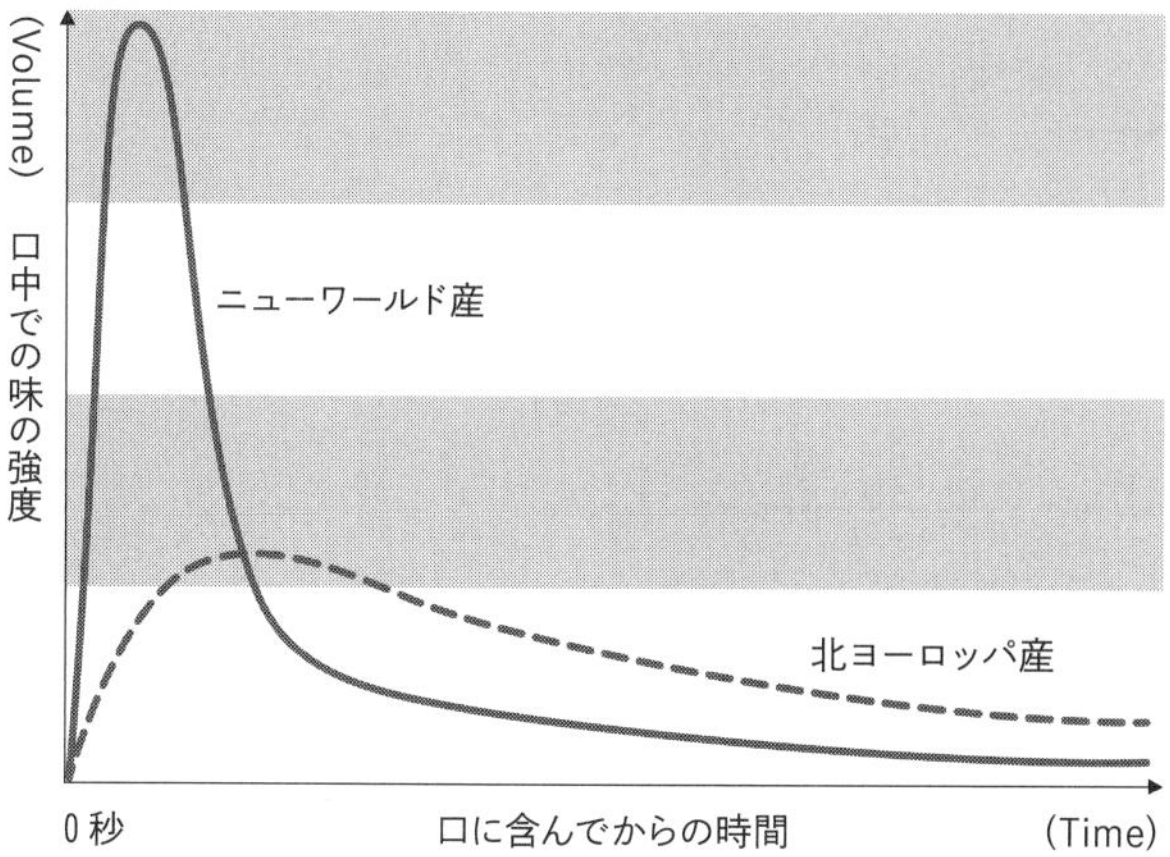


まず、縦軸の方向に大きく山を描いているのが、「ニューワールド」のワイン。アメリカ産をはじめ、オーストラリア産やニュージーランド産、チリ産、アルゼンチン産、南アフリカ産など。

一方、横軸に向かってなだらかに山を描いているのが、フランス産、イタリア産とくに北ヨーロッパ、比較的涼しい地域のワインだ。

縦軸は、味わいの膨らみの大きさなので、ニューワールドのワインは、口に含んだ瞬間に味わいがバーンと広がることがわかる。

一方北ヨーロッパのワインは、ニュー

ワールドのもののように口に含んだ瞬間に広がりはないので、最初は味わいがよくわからないかもしれないが、ゴクリと飲み込んでから口中に味わいが残る時間が、ニューワールドのものと比べると長めだ。言い換えれば、味わいの余韻が細長く続くワインということになる。

「果実味」とは、このグラフの縦軸方向へ伸びる線、すなわち、口に含んだ瞬間に感じる味わいのこと。ということは、ニューワールドと北ヨーロッパのワイン、果実味が強いのはニューワールドのもので、ニューワールドのワインは果実味タイプのワインと言える。

「たるたる」では、果実味の強いタイプのワインを「フルーティー」なタイプとも表現している。「チリワインのように甘いようなジューシーな感じがするもの」と言うと伝わることが多い。「果実味」と言うより、その方が味のイメージがわくようだ。

また、ニューワールドに比べて果実味の少ないヨーロッパのワインは、「辛口」タイプと呼ぶ。このことについては、P41~でまた詳しく話すので、ここでは果実味タイプのワインの対極にあるのが、辛口ワインだと覚えておいてもらいたい。

## ヨーロッパのワインは余韻が長く続くものが多い

それでは曲線内の面積全体が表すものはなになのか。それは、「おいしさ」だ。ヨーロッパのワインは口に含んだ瞬間の印象は薄く、味わいのピークは派手にはないが、面積で見るとニューワールドのものと変わりはない。

要するに、どちらがおいしいとか、どちらが優れているというわけではなく、味わいの軌跡が違うのだ。ヨーロッパとニューワールド、どちらの軌跡が自分にとって心地よいか、それが「好み」となる。

このグラフは、ワインの価格が安価でも、高級でも、描く曲線の形にさほど変わりはない。高級になればなるほど、縦軸・横軸ともに伸びていき、それとともに「おいしさ」の面積全体が大きくなっていく。

## 高いワインはなぜ高いのか

おいしさを示す曲線の形は、安価なワインでも、高級ワインでもさほど変わりがないと話した。ならば、1本380円から何十万円とするものまであるが、この価格の差は一体なにが理由だろうか？　少し本筋とははずれるが、ここで話しておこう。

その理由は、ぶどう栽培にある。ぶどうの樹は、春になって芽が吹いて葉が開き、茎を伸ばしていくが、生命力が強く、放っておくとどんどんと実をつけてしまう。そのためワイン用のぶどうは剪定《せんてい》を施し、房をある程度の数まで絞り、少なくなった房にぶどうの樹の持つエネルギーを集中させ、おいしい実を育て上げて収穫する。

畑の単位面積あたりのぶどうの収量を抑えるのだが、果汁にした際、フランス産の高級ワインの場合、畑1ha（ヘクタール）あたり約30hl（ヘクトリットル）となる。これは、750mlのボトル1本で換算すると4000本になる。しかし、フランス産のテーブルワインだと畑1haあたり約100hl。約3倍以上の収量となるワケだ。要は、原料からして3倍以上の価格差が生まれることになる。

もうひとつの理由として挙げられるのが、ぶどうの樹の年齢、樹齢。ぶどうの房は、樹を植えてすぐにはならず、はじめて実をつけるのは3～4年目だが、高級ワインを仕込むぶどうが採れる樹の平均樹齢は40年以上だ。高齢のぶどうの樹がよい実をつける理由は、根が地中深く伸び、多層となった土壌からさまざまな養分を吸い上げ、それが実に反映されるからだと言われている。高齢であればあるほどよい実をつける一方で、樹齢50年を過ぎると今度は実がつきにくくなって収穫量が落ちるため、引っこ抜いて植え替える。フランスのボルドーでは、何年かに一度少しずつ樹々を植え替え、平均樹齢40年を保っているため、毎年高級ワインを生み出せる。

しかし、ぶどうの実は1年に一度しか収穫できないうえ、この50年サイクルを管理するだけでも大変な労力。費用もかかるとおわかりいただけるだろう。

基本的な価格はこのようにして決まっていくが、目が飛び出るような価格のはね上がりを見せるワインは、もともとの少量生産という希少性に加え、専門家の高評価などさまざまな要因から生まれたりする。

## 果実味タイプの典型例は、チリの「サンライズ」

先ほど「たるたる」でも「甘いようなジューシーな感じ」という言葉を使うと伝えたように、果実味を甘いと感じることはよくある。残糖度と言って、ワイン1リットルあたりに含まれる糖度が実際は低くても、甘く感じられるものはたくさんある。

今やスーパーやコンビニの定番となったチリ産の「サンライズ」、太陽が描かれたラベルのものだが、あのワインはまさに果実味タイプ。飲むと、確かに甘い感じがする。それは、口で感じる味わいというよりは、鼻で感じる香りが大きく関わっているようだ。

その証拠に、鼻をつまんでワインを飲んでみると、不思議なことに甘味をあまり感じないはず。これは日本酒の甘口、辛口を体感する際にも使う方法だ。

鼻は甘いが、口は辛い。果実味イコール甘い味わいではなく、ニアリーイコール甘い香り。すなわち、果実味の強いワインというのは、ほぼイコールで、口に含んだら甘いのだろう、と思わせる香りが強いワインと言っていいと思う。これは、白、赤ワインともに言える。

Tips

## チリワインの台頭

伊藤さんのお話に出てきました、チリワイン。１０００円前後でも買える果実味が強いワインの代表格です。読者の方も一度はお口にされたことがあるのではないかと思います。

この数十年、日本へのワインの輸入国と言えば、フランスとイタリアが1、２位を争い、3位にアメリカがつけていましたが、近年チリの台頭が目覚ましく、２０１３年にはついにアメリカを抜いて2位に。価格に対してわかりやすいおいしさが日本人に受け入れられたのではないでしょうか。そのわかりやすいおいしさこそが、果実味の強さ。以前、著名なソムリエの方の取材の際に、お醤油とみりんの味わいで育った日本人の舌が、チリワインの甘い風味に親しみを覚えるのかもしれない、と聞いたことがあります。確かに、すき焼きを代表する甘じょっぱいお料理にはぴたりと寄り添います。

ところで、チリワインは安価というイメージが一般的かと思いますが、接待のお席にも最適なワインがございます。それは、「アルマヴィーヴァ」。コンチャ・イ・トロ社と、五大シャトーのひとつ「ムートン・ロスチャイルド」を造るバロン・フィリップ・ド・ロスチャイルド社（メゾン）とのコラボレーションで生まれたワイン。ロスチャイルド社が、アメリカのロバート・モンダヴィ社と手を組んで造ったのが、かの有名な「オーパス・ワン」ですから、「アルマヴィーヴァ」はチリの「オーパス・ワン」とも言えます。

もうひとつ、「口説きワイン」をお伝えしておきましょう。それは、先ほど伊藤さんのお話にも出た、コンチャ・イ・トロ社の「サンライズ」。コンビニでも売られる安価なワインなので、意外と思われたかもしれません。女性を急に自宅に招くことになり、ワインが用意できていない！　なんてときにもすぐに用意できるので、助かる存在です。

アイコンである太陽のマークは、1年のうち300日が晴れという「太陽の恵み」を表したものなのだとか。それを体現するかのごとく、明るい印象のワインで女性と杯を交わすことになったら、ラベルのお話とともに「まるで○○ちゃん（お相手の名前)みたいだね」とさらっと付け加えてみてはいかがでしょうか。

ただし、お相手もおそらくお値段をご存知でしょうから、話術は必要。なぜってお相手に「私、安い女なの!?」と思われては困りますから。くれぐれもお気を付けを。

## ❷辛口/言葉で説明するより体感が大切

先ほど、果実味の対極にあるのが、辛口タイプのワインということをお話ししたが、この「辛口」、果実味のように的確に説明するのが非常に難しい。ちなみに「辛口」は、ワインにおいては「ドライ」とほぼ同義語と思っていいだろう。

結論から言ってしまおう。辛口は体験あるのみ、なのだ。

味わいというものは、みなさんもお感じのようにやっかいなもので、個々人で感じ方がまったく違う。ことワインは、ひとつの味わいを同じ言葉で表現する人などほとんどいない。実際「たるたる」でも、かなり辛口の白ワインを出しても「フルーティー」と言う人もいる。

「辛口」のそもそもの定義は、お酒に含まれる糖分が少ないものを指し、ワインで言えば、店のお客の多くが白ワインをオーダーするときに使う。

しかし、通常の造り方をしたワインなら、実は白より赤の方が辛口。赤ワインは醸造過程で糖分を完全にアルコール発酵させるため、糖分がほとんど残らないからだ。

とはいえ、「辛口」は白ワインを形容する言葉として流布しているわけなので、ここでは白ワインについて話そう。

## 白ワインが辛口かフルーティーかは産地を見ることで、大別できる

まず、白ワインの味わいの違いを知るポイントから話をすると、それは育った環境である。もちろん品種による味わいの違いもあるが、環境でわけるとより大きな違いを感じやすい。

涼しい地域で育ったぶどうからできたワインはフルーツのニュアンスが少ない辛口に、温暖な地域で育ったぶどうからできるワインはその逆で、フルーツのニュアンスが多い、しっかりとした果実味を感じるワインに仕上がる。冷涼な気候であればあるほど果実味が減って辛味が増し、温かいほどに果実味が強くなる。

## ワインの世界地図
### 生産地の区割り

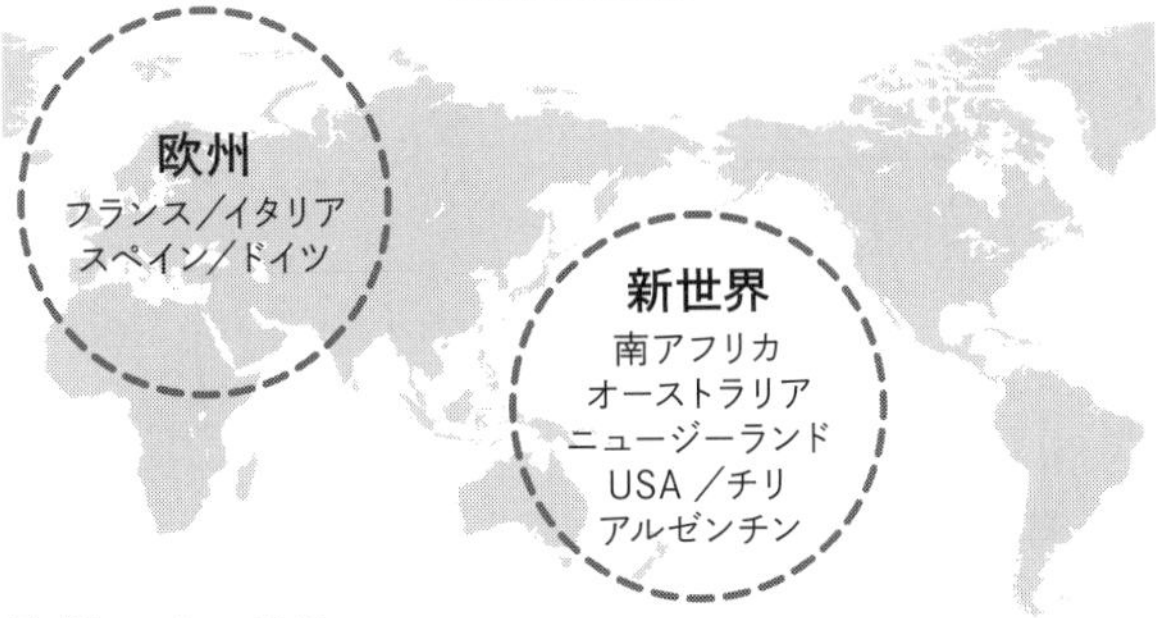


### 欧州 国ごとの特徴

**フランス**●欧州にあってその立地からも気候地形的に様々な産地を有し、味わいの幅広さでは世界随一。普及品から歴史的銘醸品まで層も厚い。

**イタリア**●歴史は仏より古く全土全州に産地を有する。仏と共に大生産国。大陸部の北部、半島中部、先端南部と大まかに味わいを分けられる。

**スペイン**●伊同様全土的に生産。これまで特定産地が殆どだったが近年開発が進み様々な産地のものが流通している。泡ものカバも身近で手軽。

**ドイツ**●緯度的に冷涼が故白が多く酸がある為バランスで甘さをのせたものが多かったが、近年他の欧州産を意識した辛口スタイルも見られる。

### 新世界 国ごとの特徴

**南アフリカ**●まだまだ少数派ながら日本での流通開始は意外に古い。主要品種の普及品〜中級クラスが圧倒的であるが、高級品も期待されるところ。

**オーストラリア**●少数派ながらもカンガルーや鷲、BINと刷り込まれたラベルが身近にある。幅広い品種の中シラーズは普及品〜銘醸品まで層が厚い。

**ニュージーランド**●新世界の中では比較的冷涼で、白ソーヴィニヨン・ブランと赤ピノ・ノワールは代表的品種。日本人が関わるワイナリーも幾つかある。

**USA** ●新世界の魁となった国。カベルネについては銘醸品同士の団体戦で三度仏に勝利。加州だけでなくより北方の生産地もあり幅が増えた。

**チリ**●ワインを置くスーパー・コンビニでも必ずある位この20年位で発展。マイナーな品種が表示されたものも増え、試しに触れるには◎。

**アルゼンチン**●チリとはアンデス山脈挟んだ反対側の生産地。高地で理想的な気候を活かして今後に期待。赤ワインぶどうマルベックが成功している。

具体的には、涼しい地域とは北ヨーロッパ、温暖な地域とは南半球をはじめとしたニューワールドの国々。ふたつの地域の中間に位置する地中海沿岸の生産国のワインは、比較的温暖な気候で果実味も辛さもとくに際立たず、なんとなくほのぼのとした、引っかかることなくスイスイと飲める味わいと言っておこう。

話をまとめると、白ワインで辛口タイプと言えば、北ヨーロッパ産のもの、そしてニューワールドの白ワインは、辛口の対極、フルーティーな果実味タイプと言える。

しかしこれはあくまでも地域的な特徴であって、味わいの感じ方は人それぞれ。絶対的な味わいはないため、ワインの辛さを感じるための近道として私がすすめる方法は、涼しい地域で育ったものと、温暖な地域で育ったものを飲み比べること。そうして、こっちのワインよりこっちが辛い、こっちのワインよりこっちが辛くないという体感を持ってみて、「辛さ」という味わいの自分の基準をつくっていく。

冒頭でも話したように、店でいわゆる辛口のものを出してもフルーティーと感じる方がいるわけだが、その人がもし「前に○○を飲んだのですが、それより辛口をください」と注文するとすれば、それは非常に的確な表現であり、こちらも確実なものが提供できる。まあ、しかしながら、それを辛いと感じてくださるかは、また別の話なのだが。

## 辛口の白ワインはスーパーで買いにくい

第1章で、辛口の白ワインはスーパーやコンビニでは手に入れることが難しいと話した。より正確に言えば1500円未満で探すのが、至難の業。

東京近郊の、私の自宅の半径4km以内にあるスーパーは10軒を下らない。その売場全体でワインは全部で2314種あったが、価格の高い安いに拘わらず、北ヨーロッパ系の白ワインは39種、うち1500円未満のものは22種であった。東京都心では少し数字が変わるかもしれないが、身近なところに北ヨーロッパ系（=辛口）が圧倒的に少ないのは事実なようだ。調査結果を次ページの表にまとめてみた。

多くのワインが並ぶ専門ショップで一度見てほしいのだが、専門店であっても冷涼な地域の白ワインは、ニューワールドのものに比べて低い価格帯のものが少ない。

# スーパーに安価の辛口白ワインはあるか？

| 店名 | 陳列数 | 価格不問での銘柄数 | | | | うち税抜きで1500円未満の銘柄数 | | | |
|---|---|---|---|---|---|---|---|---|---|
| | | 白シャブリ | 白ブルゴーニュ（シャブリ以外） | 白ボルドー | 白ロワール | 白シャブリ | 白ブルゴーニュ（シャブリ以外） | 白ボルドー | 白ロワール |
| 合計 | 2314 | 44 | | | | 23 | | | |
| SY | 204 | 1 | | 2 | | | | 1 | |
| YV | 115 | 1 | 1 | | | | | | |
| BX | 139 | | 1 | 1 | | | 1 | 1 | |
| MY | 135 | | | 1 | | | | 1 | |
| ME | 150 | 1 | | 2 | | | | 2 | |
| CI | 136 | | | 3 | | | | 3 | |
| RJ | 176 | | | 4 | | | | 4 | |
| GM | 176 | | 1 | | | | | | |
| TS | 202 | 1 | 2 | 3 | | | | 3 | |
| IG | 269 | 2 | | 1 | | | | 1 | |
| SY | 164 | 2 | 1 | 1 | 1 | | | 1 | 1 |
| DE | 223 | 1 | 1 | 4 | 1 | | | 2 | |
| IY | 225 | 2 | 1 | 1 | | | 1 | 1 | |

（2014.11. 伊藤調べ）

辛口を体感するには飲み比べることだとすすめたが、スーパーではなかなか売っていない。となれば、最初はワインを飲ませる店に行き、グラスで2杯同時にオーダーするのはいかがだろうか。

もし「たるたる」に「辛口と果実味タイプの白ワインをグラスで飲み比べさせてください」などと言うお客が来たら、私は喜び勇んでワインを選び、提供してしまう。ワイン好きは、ひとりでもワイン好きが増えるのが嬉しいものなのである。

Tips

## 世界で最も有名な辛口白「シャブリ」

辛口の白ワインと言えば、「シャブリ」が自動的に頭に浮かびます。みなさんも一度は耳にしたことがあるワインではないでしょうか。

これまで日本では何回かのワインブームがありました。

１９８０年代のバブル期には、巷でもボルドーの高級ワインやシャンパーニュがぼんぼんと開き、時差の関係で「日本が一番早く飲める」との触れ込みにより、「ボージョレ・ヌーヴォー」も大ブーム。バブル崩壊後、1997年ごろからは含まれるポリフェノールが健康にいいと赤ワインが爆発的人気を博しました。

赤ワインがもてはやされ、白ワインの人気が低迷するなかでも強かったのが「シャブリ」です。世界で最も有名な白ワインであり、辛口ワインの代名詞。

最近ではその人気は少し低下傾向にあるようで、ワイン通の間では「シャブリをワイン会に持参するのは……」とためらう人も少なくないと聞いたことがあります。それは、あまりにも入門ワイン的なイメージがあるから。ショップなどでワインを売るプロの方のなかにも、辛口の入門として「シャブリ」を挙げる方は少なくありません。

しかし、プロや愛好家の方が入門ワインという立ち位置を示してくださるのなら、飲んでみない手はないですね。典型的な辛口白ワインとはっきりさせてくださったようなものですから。

シャブリだけでも300銘柄以上造られていて、生産者によって味わいが違いますし、シャブリには階級がありますので、ベーシックなものと特級とではクオリティに差があるとは思いますが、ベースの味わいは同じです。

1000円前後で手にするのは少し厳しいですが(私がよく行くスーパーでは、大特価980円!)、スーパーでも、場所によってはコンビニでも、シャブリが置かれているところはありますので、一番ベーシックなものから飲んでみてはいかがでしょうか。

1本まるまるワインだけで通してもよろしいですが、食べものと合わすとより魅力が増します。おすすめは、鶏肉を焼いたものや、豚肉のしゃぶしゃぶなどのすっきりしたお鍋、天ぷらなども、塩とレモンでいただけばシャブリの友でございます。湯豆腐に塩とオリーブオイルとレモン汁をかけたものも私は好んで合わせますが、伊藤さんによると水分の多い食材とワインの相性は難しいそうです。ですので、お豆腐と合わせる場合は、お豆腐を口中に入れて噛んだ後すぐにシャブリを飲むより、お豆腐を噛んで飲み込んだ後にシャブリを含む方が、相性を楽しめると思います。ぜひお試しになられてみてください。

「シャブリに生牡蠣」との組み合わせを聞かれたことはございますか? この相性についてはプロの間でも物議を醸していますので、ここではとくに言及いたしません。

＊シャブリ

シャブリは、フランス・ブルゴーニュの最北部にあるシャブリ地区で造られる白ワインで、品種はシャルドネ（⇓Ｐ199付録参照）。小石と砂の混じった石灰質を含んだキンメリジャンと呼ばれる土壌は、シャルドネを栽培するにあたり最適な条件を備えていると言われる。明るい緑がかった黄金色、きりりとした酸味、すっきりとした辛口で、魚介類との相性が◎。

## ❸酸味／冷やしておいしい酸、温めておいしい酸がある

次は、ワインの味わいのなかで最も特徴的、かつ重要な酸味について。

酸味の強いものや、穏やかではっきりとは感じにくいものなど、感じ方はワインによって差があるが、酸味はワインに必ずあるもの。しかし日本人は、酸味が強いワインを苦手とする人が少なくない。

ワインに限ったことではないが、甘味が強いと酸味は弱く感じる。料理で酢を入れすぎた場合、砂糖を加えると酸味がやわらぐように、甘い風味が強い果実味タイプのワインでは、酸味が感じにくくなる。

その逆で、実際に含まれる糖度はさておき、酸味が非常に強いワインは果実の風味が乏しく感じられる。

ときに酸味の強いワインを飲んで辛口と感じるのは、酸味で甘味がかき消されることも理由のひとつだ。「たるたる」でも酸味が強いワインを飲んで、「辛い」とか「しょっぱい」と表現する人がいるし、逆も然りで、辛口のワインを「酸っぱい」と言う人もいる。

## 冷涼な地域の白にはリンゴ酸が多く、温暖な地域の白には酒石酸が多い

ワインの酸味は、複数の有機酸から構成されるが、その比率が異なるために、ものによって酸味の感じ方が変わるといわれている。

これまでワインに触れてきた私の経験からすると、ぶどうが育った気候による部分が大き

いように感じている。冷涼な地域で育ったぶどうから造られたワインの酸味は引き締まっていて鋭く（レモン果汁や青りんごを食べたときの酸味に似ているだろうか）感じ、温暖な地域で育ったぶどうから造られたワインの酸味は穏やかでまろやかに感じる傾向がある。

ワインに含まれる有機酸のうち、引き締まって鋭く感じられるもののひとつにリンゴ酸があり、まろやかに感じられるもののひとつが酒石酸。

酒石酸の含有量はどの生産地でもあまり変わらず、フランス北部やドイツなどの冷涼な生産地ではリンゴ酸が多く含まれる。

また、温暖な生産地ではリンゴ酸が減っていく。

このような傾向が見られるようで、個々の生産地・生産者の発酵のさせ方によってこのふたつの含有量は変わる場合があるが、酸の鋭さとまろやかさがちょうど拮抗《きっこう》すると思われるものを、本書では、フランス・ブルゴーニュ地方南部のワイン「マコン」とした。渋味のないぶん、酸味を理解しやすい白ワインだ。

## 北と南で味わいが変わる理由
### 酒石酸とリンゴ酸の比率

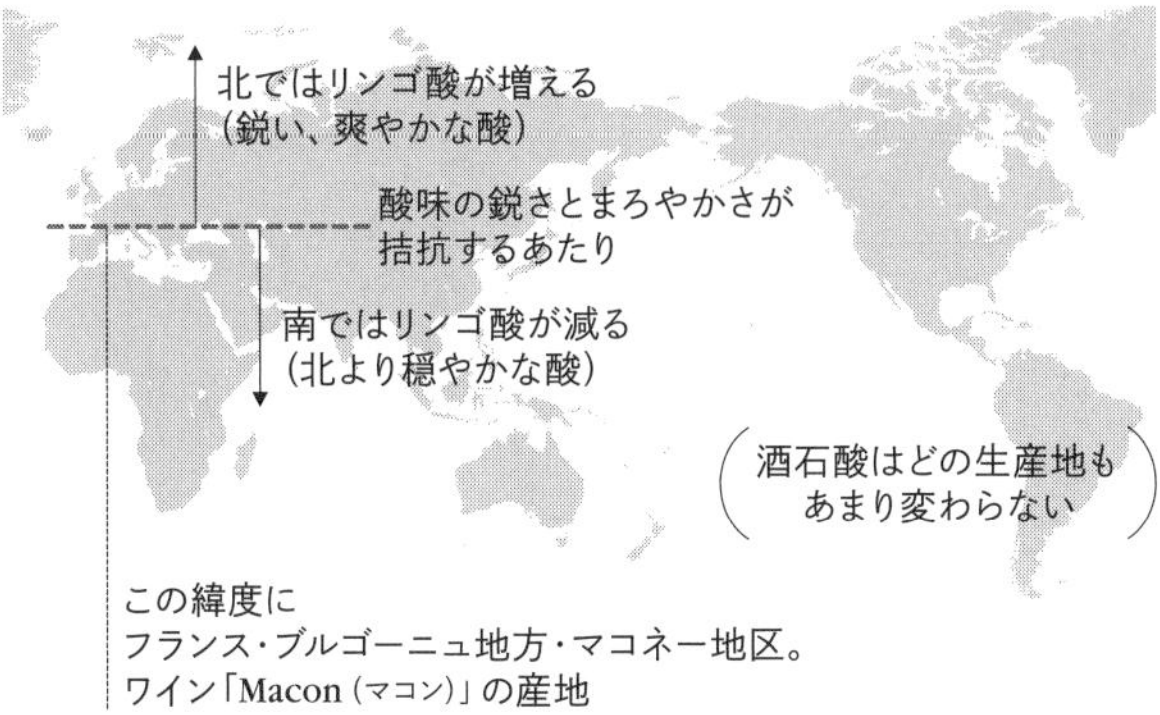
北ではリンゴ酸が増える
(鋭い、爽やかな酸)
酸味の鋭さとまろやかさが
拮抗するあたり
南ではリンゴ酸が減る
(北より穏やかな酸)
酒石酸はどの生産地も
あまり変わらない
この緯度に
フランス・ブルゴーニュ地方・マコネー地区。
ワイン「Macon (マコン)」の産地

北と南で酸味の質が変わる理由を図に示したが、このマコンより北側に位置する欧州産ワインは酸味がより鋭くなる傾向にあり、逆により南で造られるワインはまろやかさが増え、その先のより温暖なニューワールドの産地ではよりまろやかな酸味と感じる傾向がある。マコンがちょうど中間くらい、というわけだ。

生産地の気候をおおまかな物差しに、酸味の質を捉えてみてはどうだろう。ちなみにこのマコンを本書では、本章で先に取り上げた❶果実味❷辛口においても、中間の味わいとして位置づけてみた。

## なぜ赤は室温、白は冷やして飲むのがいいのか

酸味は、冷やすとおいしくなるものと、ぬるいというか高めの温度でおいしくなるものがある。これは、ワインに含まれる有機酸の種類によるもので、実はワインを飲む際の温度にも非常に大きく影響している。

オレンジジュースを想像してもらえれば、一発でわかるだろう。冷たいと実に爽やかで、ほのかに感じる苦みがおいしさだが、ぬるいとなんだかダラッとして、苦味は不快になる。

これには冷やすことでおいしくなる種類の酸、クエン酸が含まれているからと言われている。

ワインにおいて冷やしておいしい有機酸は、先に酸の質で述べたリンゴ酸、クエン酸、酢酸。白ワインに多く含まれる酸だと思っていい。

逆に高めの温度でおいしくなる代表的な有機酸は、乳酸。赤ワイン、ことにフランスの高級ワインに多く含まれる酸だ。

ちなみに酒石酸は中間の温度帯がほどよい。

このような理由から、白ワインは冷やして、赤ワインは比較的高めの20℃くらいで飲んでもおいしいものがある。

ワインの酸味も温度、そのワインを生むぶどうの酸味も生産地の温度が大きく関わっているのは、非常に興味深い。

## ❹渋味/赤ワインの重要な味わい

おもしろいことに、非常にしっかりした高級な白ワインを目隠しで飲むと、「これは赤ワインですか?」と感じることもあり、白ワインにも渋味の成分が含まれる場合があるのだが、ここは赤ワインに絞って話をする。

それは、ワインの味わいで渋味が重要な要素となるのは赤ワインだからだ。

渋味のもとであるタンニンは、ぶどうの皮や種から出る成分。赤ワインは、ぶどうの果汁と、果皮や種などを一緒に長時間漬け込むため、ワインのなかにタンニンが溶け出す。ほかにも、色素成分のアントシアニン、香りのもととなる成分も果皮と種などを漬け込むことで液中に出る。

白ワインの果皮や種なども果汁とともに漬け込むが、長時間ではない。さらにそもそもの話、白ワインを造る白ぶどうの皮には、渋味のもとであるタンニンが非常に少ない。そのため、白ワインは渋味を感じないのだ。

## 1000円台の赤ワインに「渋味」は求めてはいけない

渋味の多い少ないに拘わらず、ニューワールドは果実味タイプ、ヨーロッパとくに北部が辛口というのは、白ワインと変わらない。これは前述の通り環境による影響が大きいが、では赤ワインの渋味は、なにがポイントなのか。

価格である。

第1章で、スーパーやコンビニで買えないワインとして「渋味のしっかりした赤ワイン」を挙げた。

スーパーやコンビニの赤ワインは、一般的に渋味が強いといわれる品種のカベルネ・ソーヴィニヨン（⇒Ｐ２０２）で造ったものだろうが、飲みやすい品種のメルロー（⇒Ｐ２０３）のものだろうが、酸味が強いとされる品種のピノ・ノワール（⇒Ｐ２０３）のものだろうが、渋味はあまり感じないためとても飲みやすい。どれも１０００円台で買えるワインだ。

では３０００円出して、それらと同じ品種の赤ワインを買ってみると、俄然渋味を感じるようになる。

もし比較するなら、チリワインばかり挙げて恐縮だが、今度は自転車のマークの「コノスル」がおすすめだ。

シリーズがいくつかあり、価格帯も１０００円以内、１０００円台、２０００円台、それ以上とバラエティに富んでいる。１０００円以内で買える最もリーズナブルな「ヴァラエタルシリーズ」と、２０００円台の「20バレルシリーズ」を比較すると、明らかにヴァラエタルシリーズの方が、渋味が少ないと感じるだろう。

## 小粒のぶどうで造られたワインほど渋味は強くなる

収穫したぶどうを使って赤ワインを造る際に、渋味は皮と種、ぶどうの房から粒を取った梗《こう》（骨のような部分）に含まれていて、大事なのは皮の部分。皮に渋味の成分が多く含まれているからだ。

果汁を搾る際に、球状の粒の容積に対し、皮の面積が多い方が渋味が多くなる。そのため、大粒のぶどうより小粒の方が抽出される渋味が多く、ワイン造りには向く。

もうひとつ、日照も大きな条件のひとつで、陽当たりが悪いとぶどうの色が薄く、渋味も薄い。

よって、ワインにしたときに重厚な渋味を出せるのは、「皮が厚く、よく陽射しを浴びた粒の小さなぶどう」ということになる。

## 渋味は、高級ワインのポテンシャルである

ではなぜ、渋味が貴重なのか。

渋味成分は抗酸化物質のため、渋味を蓄えたワインは長期保存に耐えられることが理由だ。長期保存に耐えられるということは、それだけぶどう自体が健康で良質でなければ無理な話。適当に、いい加減に造っていては、健康なぶどうは育たない。

また長期保存することで、強すぎた渋味の角がとれてまろやかになる。またその間にワインの熟成が進み、新たな香りが生まれる。

高級ワインの代名詞、ボルドーの五大シャトーのワインは、若いうちは渋味が強すぎて飲みにくい。そのため何十年にわたって熟成させ、しかるべきときを迎えて抜栓すると、爆発的な香りをたたえ、角がとれて滑らかな渋味を擁した感動的なワインに変化するのである。しかし、もともとの強固な渋味成分であるタンニンは決してなくなりはせず、しっかりとした骨格に姿を変え、ワイン全体の味わいを格上げする。渋味は、高級ワインを造り上げるた

めにとても重要な要素なのだ。

渋味は、高級ワインに育て上げる、いわばポテンシャル。だから、渋いワインは高いのだ。

## ピノ、メルロー、カベルネの順に渋味は強くなる

渋味の章でいきなり具体的な品種を出して話をした。唐突で申し訳ないが、この赤ワインを造る3つの品種だけは覚えてほしい。

カベルネ・ソーヴィニヨン、メルロー、ピノ・ノワールだ。

なぜなら、3つの品種が蓄える渋味の量が違うため、渋味をよりわかりやすく捉えられるからだ。

最もしっかりとした渋味を蓄えているのが、カベルネ・ソーヴィニヨン。最も少ないのがピノ・ノワール、メルローは渋味はあるがマイルドで、ふたつの中間と思っていいだろう。

世界ではさまざまな品種のぶどうからワインが造られているが、ことこの3種は銘酒と呼ばれるワインを生んでいる。

３つの品種を飲み比べると、渋味を含む味わいの違いもわかりやすい。だが、先ほども話したように、１０００円台のワインでは３つの品種どれを飲んでもさほど渋味に差がない。２０００円を最低ラインとして、そこからだんだんと渋味を感じられるようになるはずだ。

赤ワインを構成するうえで非常に大切な渋味は、非常に残念なことに、お金を払わないと実感できない。

ここで登場させた品種に関しての詳しい説明は、巻末付録「覚えておきたい品種」にまとめたので、そちらも参考にしてほしい。

## 味わい４つの要素のおさらい

ここまで、ワインの味わいにおける大切な４つの要素を話してきた。少しまとめておこう。

❶ワインの果実味とは、口に含んだ瞬間の、口中に広がる味わいを指す。対極にある味わいは、辛さである。果実味は育った環境で強弱が決まる。果実味が強いのは、ニューワール

ドのワイン、弱いのは北ヨーロッパのワインである。

❷ワインで辛口とは、果実味の対極にある味わいを指す。白ワインについて使用する表現に多く使われる。ワインの辛さは、ぶどうが育った環境で強弱が異なる。辛口ワインが生まれるのは、涼しい地域、ことに北ヨーロッパ。対して、辛さを感じにくいのはニューワールドのワイン、すなわち果実味タイプ。

❸酸味は、ワインの最も特徴的な味わいである。甘味が強いと酸味が弱く感じられるので、果実味タイプのワインを飲むと酸味を感じにくい。どんなワインにも必ず酸味はある。ワインの酸味は、複数の有機酸から構成され、その比率が異なるため、ものにより感じ方が変わる。鋭く感じるもののひとつがリンゴ酸、まろやかに感じるもののひとつが酒石酸。酒石酸の含有量はどの生産地のワインでもあまり変わらないが、冷涼な地域ではリンゴ酸が多く含まれ、温暖な地域では減っていく。酸の鋭さとまろやかさがちょうど拮抗するのが、フランス・ブルゴーニュ南部のマコネー地区で、「マコン」というワインが造られる。

また、ワインに含まれる有機酸の種類により、冷やしておいしい酸味と温めておいしい酸味がある。冷やしておいしい有機酸（リンゴ酸、クエン酸、酢酸）は白ワインに多く、温めておいしい有機酸（乳酸）は赤ワインに多く含まれる。

❹渋味は、価格と品種がポイント。価格が高いワインの方が渋味を感じやすい。赤ワイン用の3つの品種を覚えること。渋味が強いのがカベルネ・ソーヴィニヨン、中間がメルロー、弱いのがピノ・ノワール。

本編では触れなかったが、3種の赤ワイン用のぶどうの特徴について少し話をする。3つのぶどうは、以下のようにもわけられる。「渋味のあるワイン⇓カベルネ・ソーヴィニヨン、渋味が少なく、酸味の強いワイン⇓ピノ・ノワール、渋味・果実味・酸味のバランスのよいワイン⇓メルロー」。赤ワインを選ぶときの基準にしてもいいだろう。

ざっとこんな感じである。そこで前記をまとめて、応用的なひとつの話をしよう。

赤ワインの代表的な品種であるカベルネ・ソーヴィニヨンのワインは、フランス産は渋味と酸味が際立つ辛口タイプだが、ニューワールドのものだと飲みやすく感じる。これを果実味タイプのワインと呼び、果物のニュアンスを感じる甘い香りが強く、また口に含んだ瞬間にフルーティーな味わいが広がるため、酸味が感じにくくなる。もし、このニューワールドのカベルネ・ソーヴィニヨンに渋味を強く感じるとすれば、価格はそこそこ。安くても2000円以上だろう。

では、ピノ・ノワールで置き換えてみよう。虫食いの箇所を埋めてみてほしい。

一般的に（①　　　）が強いピノ・ノワールのワインは、ニューワールドのものは（②　　　）が強いが、フランス産は（③　　　）タイプである。口に含んだ瞬間は（②　　　）が広がらないが、飲み込んでからの（④　　　）が長い。また、ピノ・ノワールのワインは総じて（⑤　　　）は少ない。

答えは、この章の最後に載せた。

## 白はマコン、赤はボルドーのメルローを飲むことで自分の好みを把握することができる

ここまでにワインにおける重要な4つの味わい、「果実味」「辛口」「酸味」「渋味」について解説してきたのには、大きなワケがある。これらを体感することで、あなた自身のワインの味わいの基準、または味わいの基準となるワインを持ってもらうためだ。

なぜ、その基準を持つことが大切なのか、その詳細は第3章を読み進めてもらえればわかるが、簡単に言えば、あなたが好みの味わいに近づく近道だから。

いまの段階で、これら4つの味わいから自分の基準を持つのは難しいと思うので、本書の基準となるワインを設けようと思う。

それは、「白ワインはブルゴーニュ地方のシャルドネ種で造られたマコン」、「赤ワインはボルドー地方のさまざまな場所のメルロー種を使って造られたもの」。

まず白ワインをマコンとしたのは、酸味の項で話したように、鋭い酸味とまろやかな酸味のちょうど中間的な味わいであるとともに、果実味、辛味もバランスのよいことが理由だ。

次に赤ワインだが、白ワインと異なるのは、果実味、辛口、酸味に加え、渋味が味わいの要素として加わってくること。そこで基準とする赤ワインをボルドー地方のメルロー種のものとしたのは、メルローは赤ワイン用のぶどう品種のなかでも、果実味がありながら、酸味も感じ、渋味はカベルネ・ソーヴィニヨンとピノ・ノワールの中間的な味わいであることが理由である。4つの味わいのバランスがよい赤ワインという位置づけだ。

本書では、この基準を「白はマコン、赤はボルドーのメルロー」作戦と名づける。第3章ではこの作戦（基準）を使い、いよいよ飲食店に出向いてワインを注文してみる。ここからぐっと実践的になるので、デートで、仕事で、大いに活用してほしい。

Tips

## ミネラルってなに？　樽香ってなに？

ワイン愛好家が表現する香りや味わいの表現を、なにやら難解とお感じになったことがおありになるでしょう。

ワインの表現は、わかりやすいことが一番、それが伊藤さんのお考えですし、私は自分なりに楽しむのがよいのではないかと思っています。

ただ形容するのにある程度決められた言葉があり、それらはワイン用語でありながら、知っておくと、意外にもほかのお酒の味わいを感じる際にも役立つのに驚きました。お酒の表現は、じつにおもしろいものです。

ここでは「ミネラル感」と「樽香」についてお話しします。

「ミネラル感」は白ワインの表現に使います。辛口と同様、慣れるまではわかりにくいのですが、白ワインの味わいを構成する大切な要素のひとつです。

ふつうの煮沸水とミネラルウォーター（とくに硬水）を飲み比べると、ミネラルウォーターの方が硬い感じがしませんか？　それが、ミネラルです。白ワインに深みを出し、フレッシュ感を際立たせてくれます。

ワインを飲んで、硬い感じがしたら、それがミネラル感です。

次に「樽香」ですが、ワインを熟成させる樽は、ツクバネガシ、ホワイトオークなどで造られ、新しい樽の中でワインを寝かすと液体に香りが移ります。オーク樽はワインを入れる前に、内側の表面を焼くので、こんがりとしたトーストのような香りがワインに感じられることがあります。ほかにも、バニラのような香りと表現されることもあります。

ちなみに、樽にはステンレスやコンクリート製のものもありますが、そういう場合はもちろん「樽香」はしません。

伊藤さんの解説、「果実味」「辛口」「酸味」「渋味」に加えて、「ミネラル感」「樽香」を使ってみると、たちまちワイン通な雰囲気が漂うものです。

## P64～65の答え

一般的に（①酸味）が強いピノ・ノワールのワインは、ニューワールドのものは（②果実味）が強いが、フランス産は（③辛口）タイプである。口に含んだ瞬間は（②果実味）が広がらないが、飲み込んでからの（④余韻）が長い。また、ピノ・ノワールのワインは総じて（⑤渋味）は少ない。

第3章

# 店選びと、オーダー。この巧拙で運命は決まるのだ。

ワインを飲みに行く

ワインの味わいの理解度は経験値に比例すると思っている。飲めば飲むほど、多くのことに気づいていく。だから、実践あるのみ、なのだ。

第3章では、第2章の話を参考に、実際にワインを飲みに行ってみよう。そう、店で自らオーダーしてみるのだ。飲みに行くのは、できればワインを「選んでくれる」人がいる店がいい。

自分でオーダーできるようになる目的は？　次の接待？　それとも、意中の女性との食事の予行演習か？　いずれにせよ、自分で「おいしい」と思えるワインを選べるようになったら、そんなに嬉しいことはない。

そのために、実際にワインを飲みに行く前に、いくつか話しておきたいことがある。

## 飲食店でのワインの値付けはどう決まっているのか

レストランなどの飲食店のメニューに並ぶワインと同じものがショップや百貨店などでも売られていることがある。価格は、飲食店の方が高い。最近では、小売りと飲食店のミック

### ワインの価格の決まり方

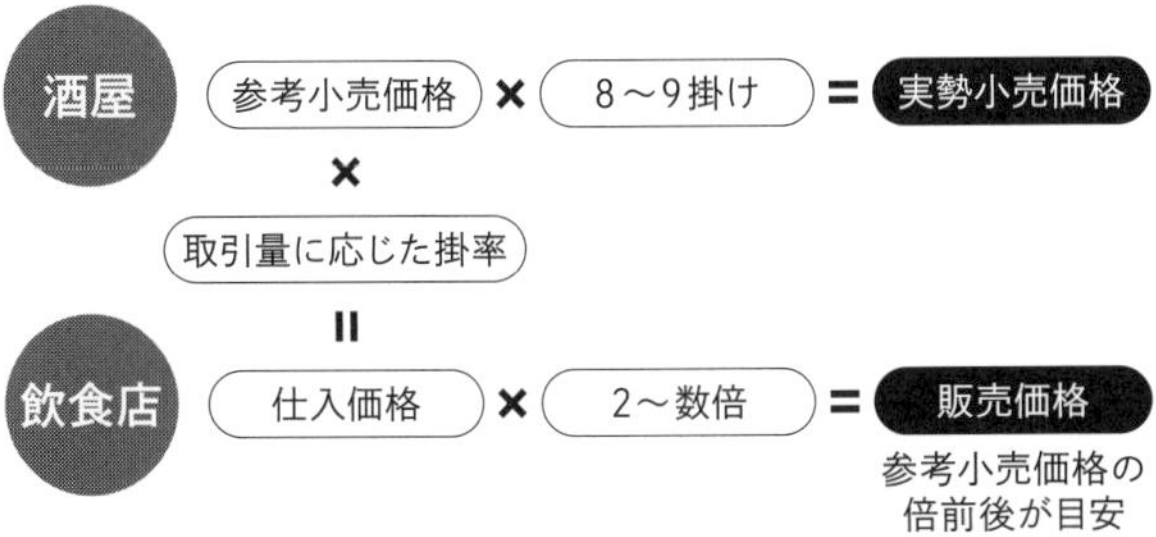


スタイルで営業している店があり、「販売店でワインをご自分で選んで、レストランで小売価格＋５００円～で飲めます」などという売り文句を見かける。

ワインは、酒屋などの小売店の店頭では、基本的には輸入商社（インポーター）などが設定した販売価格で並ぶ。仕入れ値はものによって異なるが、利益率はさほど大きくはない。「ワインを販売する」という面では、小売店もレストランも同じだが、業態が違う。飲食店の方がワインの価格が高いのは、人件費やサービスにかかるコスト、諸経費などを上乗せしているからだが、そもそもの仕組みは上の図の通りだ。

参考小売価格２０００円のワインを例に、飲食店ではいくらで値付けされるか簡単に説明しよう。

酒屋はメーカーが設定した参考小売価格で基本的には販売するが、その価格が2000円の場合、飲食店の仕入れ値は幾分割り引きされ、取引量に応じて割引率は上がる。

そして店に出す価格は、仕入れ値の2倍以上、昔は3倍が相場だったが、最近はできるだけ安くお客に提供しようと努力をしている店が増えている。「たるたる」もこの範疇だ。

小売価格2000円のワインは、「たるたる」のリストに載ると3500円くらい。参考小売価格の2倍前後が目安と思っておいていいだろう。ちなみに前ページの図にある実勢小売価格とは、インターネット上などで見られる、実際によく取引されている価格のことである。

この計算からいくと、飲食店で3000円のワインは、小売価格1600円くらいとなる。3000円は「たるたる」の最低価格帯で、よく動く価格帯だ。

ということは、本書の価格設定の「週末に飲む、ちょっとしたご褒美ワイン」の枠内であり、結局は自宅で飲むワインと同じくらいの価格のものを選んでいることになる。

## 飲食店でワインを飲むのは損か？

「それでは外で飲むのは損じゃないか」。価格だけを見たら、そう思うのも不思議はない。しかし「たるたる」に置かれているワインは、ここ数年来で、年間平均1万種類以上のワインを試飲して選んでいるもの。数の原理でしかないが、弊店のワインでハズレを引く確率は低いと自負している。

これは「たるたる」に限ったことではなく、格安で仕入れられるルートを開拓したり、さまざまな工夫を凝らし、お客に「おいしいワインを廉価に飲んでほしい」と頑張っている店はたくさんある。

和食系の店の人間が、ほぼ毎日市場に出かけて目利きしてネタを仕入れ、仕込んでお客に出すのと同じこと。売りたいワインでなく、飲んでほしいワインを並べ、そしてお客の好みや状況に応じて相応しいものをすすめている店に、対価を支払っていただくことをぜひともお願いしたい。

また、スーパーやコンビニではあまり売られていない生産地のワインも含め、飲食店の方がより幅広い味わいのワインを比較的手に届きやすい価格で並べている。

ソムリエが厳選した味わいに触れること、日常、身のまわりであまり見かけることのない味わいを試せること、家でなかなか作ることのない「ワインに合う料理」と楽しむこと、これらが飲食店で飲むワインと、自宅で飲むワインの違いにはならないだろうか。

## ボトル「オール２９００円」の店は初心者にはやさしくない

ここ数年で巷には、ワインを安く飲める飲食店が実に増えた。ボトルがオール２９００円なんていうのも、そう珍しくない。

安いのは嬉しいことだが、ワイン初心者にとっては、ちょっと要注意だ。

なぜなら、スーパーで選ぶのと同じことになりかねないからだ。自分で選べなければ、不本意な味わいを引く確率も高くなる。本書の冒頭で話した通り、１０００～３０００円という価格帯は、ワインのクオリティに幅がある。仮に、その店のすべてのワインのクオリティが高かったとしても、自分で好みがはっきりしていない人が「おいしい！」と思えるものを引き当てるのは、とても難しい。

店に「きちんと選べる人」がいれば話は別だが、そうでない場合は食事と気軽に楽しむくらいでいいだろう。神経質に合わせ方など考えたり、好みの味わいでなかったと落胆することはない。

## ひとつの生産地に特化した専門店は経験値を積んでからの方がおもしろい

東京というのは、世界的に見ても非常にマニアックな飲食店が見つかる都市だ。ワインバーもただワインを出すだけでなく、ひとつの生産国のワインのみを提供していたりする。バル文化のイタリア、スペインはさておき、ドイツ、アメリカ・カリフォルニア、ニュージーランド、最近では日本ワインの専門店も少なくない。

そういった専門店は、初心者が生産国の特徴を勉強するにはもってこいか。

「その国のワインが大好き！」という人ならば、いいだろう。その台詞が出る時点で、すでに自分の好みがわかっている確率が高いからだ。

当たり前のことだが、ひとつの生産国ということは世界のなかで限られた地域に絞られているわけなので、ワインの味わいのタイプも確率的に絞られていくと考えられる。ひとつの国では、バリエーションがあったとしても、味わいの方向性が似ていることが多い。

まだ自分の好みを探している人ならば、まずは幅広い味わいのタイプのものを飲み比べられる方がいいと私は考えている。

世界のワイン生産国のなかで、比較的幅広いタイプの味わいが揃うのは、フランス。好みを知る旅をしているうちは、生産国、味わいのバリエーション、価格帯に幅を持たせたワインを扱う店に行くのがいいだろう。

いろいろなワインを飲んでいるうちに、ひとつの生産国に興味が持てたら、その国のワインばかりを飲むのは大いに賛成である。しかし、まだ自分の好みがわからないならば、真っ先に選ばなくてもいいと思う。

行く機会があれば、あなたのワインのボキャブラリーがひとつ増えることは確実だろう。

いい意味で期待を裏切ってくれるワインに出会えることもある。それがワインの楽しみのひとつでもあるが、専門店に行くのはワインの経験値を積んでからでも遅くはないだろう。

## 高級レストランのワインならハズレがないか

グランメゾンなどの高級レストランでは、ワインの価格も高い。リストに並ぶ銘柄も、偉大なるワイン、いわゆるグランヴァンがずらりと名を連ねる。比較的オーダーしやすい価格のものもあるにはあるが、それでも巷のビストロとは桁が違う。

価格が高いのは、ワインが超一流だから、だけではない。飲食店のワインには人件費、サービスにかかるコストなど諸経費が上乗せされていると説明したが、高級レストランの場合は諸経費も超一流なのだ。

レストランを彩るすべてのもの、例えばインテリア、食器にカトラリー、サービスで言うならば、ひとりのお客に使う時間、店の立地も関係してくる。これらすべてのものにお金がかかっている。

サービスも、ワインも超一流、気持ちも舌も至福なことは間違いないが、目的が「自分の好みのワインを見つけ出したい！」ならば、少し逸れる気がする。なぜなら、好みの味わいを知るためには、多くのワインを飲まなければいけないとなると、できるだけ多種多様のものに触れてみることが先決だからだ。

高級レストランは、もてなしたい人を連れ立ち、そのサービスを満喫するために行く店。恋人を喜ばせたい、取引先に好印象を与えたい、そんなときには大いに活用し、一流のサービスとワインを享受すればいい。

自分がワインを選ばなくてはいけないホストの場合は、P118～のホストテイスティングのコツとP123～のコラムを参考にしてほしい。

## 結局どんな店なら、いいワインにありつけるのか

本書の目的である「自分の好みを知る」には、「ワインを選んでくれる人」がいる店に行

くことである。それはイコール、ソムリエがいればよいわけではない。ソムリエはあくまでも資格であり、持っていない人でもワインに多大な愛を注いでいる飲食店の店員はけっこういる。

オーナーシェフがワイン好きだったりすると、オーダーした料理の味付けを飲んでいるワインに合わせてアレンジしてくれることも珍しくない。

どんなにワインの種類が豊富でも、選んでくれる人がいない、または選べるようなシステムがなければ意味がないのだ。

選んでくれる人がいる店は、ラインナップも、値付けも、ワイン好きが訪れても納得できることが多いので、ワインを自分で選べるワイン好きの常連も多いはずだ。

身近にひとりやふたりはワイン好きがいるであろうから、その人がついつい足を運んでしまう店を教えてもらうのもいい。

ワインの味わいがだんだんとわかるようになると、頃合いのいいワインが並ぶ店に対する鼻もきいてくるから不思議なものである。

## オーダーする前にまず、その店の標準的なワインの価格を聞いてみる

さあ、いよいよ街に出て、大いにワインを飲もうではないか。

ここでは、ワインを「選んでくれる人」がいる店の場合のオーダーのポイントを話していこう。

最初にするべきことはなにか。それは、メニューないし、ワインリストをもらうこと。グラス、ボトルを含め、この店のワインの価格帯を把握するためだ。銘柄を選ぶためではなくてよい。

次に、泡、白、赤のいずれか、またグラスないし、ボトルを頼むかを決める。ボトルの場合は価格も考えなくてはいけない。味の好みはさておき、ちょっと高いが5000円を出せば太鼓判、4000円で充分な味わいだろう。

個人店では、仕入れるワインがその時々で、リストが更新されていない場合や、そもそも

リストはなく、黒板などに「ご予算やお好みに応じてワインをお選びしますので、お気軽におたずねください」などと書かれていることがある。その場合は「お店の標準的な白（赤）ワインは、ボトルでおいくらくらいですか？」とたずねてみるといいだろう。

## 「白はマコン、赤はボルドーのメルロー」を軸に好みを伝えて、オーダーする

さて飲むワインの種類、価格が決まったら、オーダーしてみよう。

リストに並ぶ銘柄がわからなくても、自分の好みの味わいに近づく方法が、P66で話した「白はマコン、赤はボルドーのメルロー」作戦だ。もちろん、自分の基準が決まっていれば、それでいい。

なにかひとつでいいから具体的に例を出して、それよりも「果実味」、「辛さ」、「酸味」、「渋味」がどうなのかを伝えることで、ワインを選ぶ側が味わいからワインをセグメントしやすくなるのだ。

例えば、白ワインなら「マコンよりも辛口」といえば、ワインが生産されている地域がか

なり限られてくる。「もっと辛口」＝「ぶどうが育った環境がより冷涼な地域」となるわけだから、マコンより北の生産地のワインというわけだ。

ざっといえば、フランスならブルゴーニュ北部、ロワール地方、アルザス地方、シャンパーニュ地方、あとはドイツ、オーストリアくらいと言っていいだろう。

逆に「マコンより果実味タイプ」といえば、ぶどうが育った環境がマコンより温暖な地域のものを指すので、地中海沿岸、ニューワールドのものが該当する。

## 果実味、辛さ、酸味、渋味。どれを主軸にするか決めておく

次に、赤ワイン。「ボルドーのメルローより果実味が強いもの」とオーダーしたとする。「果実味が強い」のは「ニューワールド」なので、アメリカ、南半球ならチリ、アルゼンチン、オーストラリアやニュージーランド、南アフリカなどが該当する。この場合、「ボルドーのメルローより果実味が強い」とのオーダーなので、果実味だけで考えれば、地中海沿岸のものも範囲に入るだろう。

これが「ボルドーのメルローより酸味が強いもの」とのオーダーをしたとすると、少し話が複雑。が、やはり触れないわけにはいかないので、簡単に話しておこう。

赤ワインの酸味は、生産地の気候だけでなく、原料のぶどう品種、さらには発酵も関わってくる。本書では、品種と発酵についてはあまり多くを語ることはしないが、それぞれのポイントを噛み砕いて話そう。

まず品種だが、気候という点に目をつぶってもらい、酸味を比較的強く感じる代表的なものを覚えておくといい。

●Pinot Noir／ピノ・ノワール
●Nebbiolo／ネッビオーロ
●Sangiovese／サンジョヴェーゼ

これら品種の産地についてはＰ１７２の「赤ワインのぶどうの産地は…？」、特徴については、Ｐ１９９〜の巻末付録「覚えておきたい品種」にまとめたので、そちらも参考にしてほしい。

次に発酵について。第2章の酸味の項で話した、鋭い有機酸を思い出してほしい。実は赤ワインは、この鋭い酸味をやわらかくするために一回目にアルコール発酵をさせた後、さらに二回目の発酵をさせる場合がある。そうすることでワインは、酸味が減って飲みやすくなる。ちなみに、白ワインについても同じことが言える。

これらの話を総合すると、赤ワインの酸味は、気候だけ、品種だけ、発酵だけでは語れないということで、「ボルドーのメルローより酸味が強いもの」をオーダーした場合、産地がボルドーより北側でないものも該当する場合があるということである。

「果実味が強いもの」は産地で判断できるのだが、酸味の強弱についてはほかの要素が関わってくる、くらいの認識を持っておいてもらうといいだろう。

自分がこだわる味わいの主軸を、果実味、辛さ、酸味、渋味のいずれに置くかを考えてみると、ワインへのアプローチの仕方も整理しやすくなるだろう。

## 味わいを表現する形容詞を覚えておく

「果実味」、「辛さ」、「酸味」、「渋味」のうち、いずれかひとつを示すだけで、店側はワインが選びやすくなる、と話したが、味わいを実際どのように表現すれば、相手に伝わるだろうか。それぞれに具体的な言葉を挙げていこう。

「辛口」／白・赤ワインともに使えるが、白ワインに使うのが一般的な表現。

●より辛口のものが飲みたい場合／「もっと辛い」
例：「○○よりもっと辛いもの」「○○より辛口のもの」
※以後、「○○より」は省略。

●辛すぎると感じる場合／「もっと甘い感じ」「もっと果実味が強いもの」
例：「厚みのあるもの」「果実味が強いもの」「甘い感じのもの」

「果実味」／白・赤ワインともに使う表現。フルーティーと同義語。
●より果実味を感じる白ワインが飲みたい場合／
例：「トロピカルなもの」「華やかなもの」
●より果実味を感じる赤ワインが飲みたい場合／
例：「果実味が濃いもの」「ふくよかな果実味のもの」「弾けるような果実味のもの」
●もっと果実味がない白ワインが飲みたい場合／
例：「もっと辛口のもの」「べったりしていないもの」「これは私には甘い」
●もっと果実味がない赤ワインが飲みたい場合／
例：「もっと軽やかなもの」「もっと引き締まったもの」「飲み疲れないもの」

「酸味」／白・赤ワインともに使う表現。
●より酸っぱい白ワインが飲みたい場合／

例：「酸味がシャープなもの」「酸味が鋭いもの」
●より酸っぱい赤ワインが飲みたい場合／
例：「もっと酸味が際立ったもの」「もう少し果実味を抑えたもの」
●もっと酸味がない白または赤ワインが飲みたい場合／
例：「酸味がまろやかなもの」「酸味が穏やかなもの」「刺激的じゃないもの」

「渋味」／赤ワインに使うのが一般的な表現。
●より渋い赤ワインが飲みたい場合／
例：「もっと渋いもの」「渋味の強いもの」「重い渋味のもの」
●もっと渋味を感じない赤ワインが飲みたい場合／
例：「渋味が軽いもの」「渋味が滑らかなもの」「渋味がやわらかなもの」

そうは言っても、幅広い味わいのワインのなかから、好みやその場にあったものを的確に言葉にするのは難しい。そこを対話のなかで探るのが、私たちソムリエ（選べる人）の仕事であるとも言える。お互い上手く伝わらない、伝えられないこともあるが、そのやり取りもワイン選びの楽しさと思ってもらえると嬉しい。

先ほどの表現以外にも、私が店で使う言葉としては、果実味タイプの場合なら「花や果物の風味豊かなフルーティータイプ」と言い、具体的な花や果物、バラやマンゴー、ライムなど、例えられるものを挙げていくと対話が進む。

辛口タイプの場合は、「すっきり」「さっぱり」「きりっと」などなど、形容詞で会話することが多い。

選ぶ側として私が大切にしているのは、できる限り「目の前の人の言葉」で語ること。おもしろい表現も遊びの部分ではよいことだが、わかりやすさが第一だと思っている。

ここで紹介した表現は、「たるたる」でお客との対話のなかで実際に使っているものだ。はじめは自分の好みが自身の言葉で伝えられなかった人も、やり取りを繰り返すうちに、自分からこれらの表現でその日飲みたい味わいを伝えてくれるようになり、満足の味わいにたどり着くようになっている。

## 4つの味わいをどのように表現するか

### 白ワインの場合

標準的（マコン）

| | 強 | | 弱 |
|---|---|---|---|
| 酸 | 「シャープ」<br>「より酸っぱい」<br>「するどい」 | ⟷ | 「より酸っぱくない」<br>「まろやか、穏やか」<br>「ぼんやり、刺激的でない」 |
| 果実味 | 「トロピカル」<br>「華やか」<br>「フルーティー」 | ⟷ | 「辛口」<br>「甘くない」<br>「すっきり」 |
| 辛口 | 「シャキッと」<br>「キリッと」<br>「もっと辛い」 | ⟷ | 「もっと甘い感じ」<br>「もっと果実味が強いもの」「ふくよか」 |

### 赤ワインの場合

標準的（ボルドーのメルロー）

| | 強 | | 弱 |
|---|---|---|---|
| 酸 | 「シャープ」<br>「するどい」 | ⟷ | 「まろやか」<br>「穏やか」 |
| 果実味 | 「濃い果実味」<br>「ふくよかな果実味」<br>「はじける果実味」 | ⟷ | 「軽やかな」<br>「引き締まった」<br>「飲み疲れない」<br>「スリムな」 |
| 渋み | 「より渋い」<br>「刺激的な」<br>「重い渋みの」 | ⟷ | 「軽い」「あっさり」<br>「もっとなめらか」<br>「もっとやわらか」 |

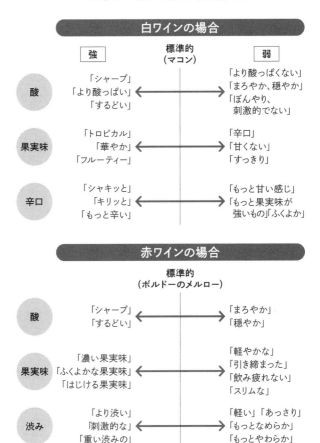

ソムリエ教本をはじめとするワインの本には、味わいの具体的な表現がまだまだたくさん載っているが、まずはここから始めてみてほしい。

## 予算は濁さない
## はっきり示した方が希望に合ったものが出てくる

味わいの指標に加えて予算を示せば、ワインにありつけるゴールは近い（ここまでかなり長くなってしまったが……）。

グラスの場合は、希望の味わいを伝えれば、リストやその日開いているワインから店側が示してくれるはずなので、それをオーダーすればいい。

ボトルの場合、５０００円前後なら味わいの範囲はだいぶ広がるが、安価な注文を想定してみよう。こんな感じだ。

●「マコンより辛口」で「３０００円」

飲食店での価格が３０００円ということは、小売価格は２０００円以下になる。２０００

円以下で辛口ワインを見つけるのは至難の業と話したが、ワインに特化している店なら用意しているかもしれない。あればラッキーだが、できれば「３０００～４０００円」とすれば、確率はだいぶ上がる。

●「ボルドーのメルローより果実味が強いもの」で「３０００円」

ニューワールドの果実味タイプは、リーズナブルでも味わいがわかりやすいワインが北ヨーロッパのものに比べて比較的多い。３０００円でも選択肢は多数あるだろう。

選ぶ側としては、価格は大きな指標になるので、予算の範囲ではっきり伝えることが大切だ。

## なぜひとつの銘柄を飲み続けた方がいいのか

少し気が早いかもしれないが、品種や産地を指定したオーダーについても話しておきたい。

ワインに関わる人でも考え方は千差万別。店によっては、「ワインがわからない方の場合は、品種や地域を限定しない方が幅広くおすすめできるので、おいしいワインに出会える確率が上がる」という人もいる。

この考え方には一理あるが、本書の狙いとしては「自分の好みの味わいを知ること」、そして「自分でワインを選べるようになること」なので、まずは自分が思う味わいを追いかけ続けることが大切だ。そのために品種や産地が必要なら、ずばりの指定でオーダーすればいい。

第1章で「好みの味わいだったら、繰り返しそのワインを飲んでほしい」とさらりと話したが、この「繰り返し飲む」はけっこう重要だと思っている。私がすすめるのは、ワイン初心者の段階では、「これは、好きだな」と思ったワインと同じ品種のものをしばらく飲み続けることだ。

もっと言えば、最初はずっと同じラベルのものを飲み続けるくらいでもいい。要は、ビールと同じ。炭酸がきいて味の違いがわかりにくい缶ビールですら、よく飲んでいるからこそ、「ここのメーカーは味が濃い」「ここのは炭酸が強い」と身体が覚えている。そして味わいの差を聞かれてもなんとなく言葉で答えることができないだろうか。

ワインも同じ。ひとつの味を飲み続けていると、違うワインを味わったとき、「自分が飲んでいるものより酸っぱい」「濃い」「さっぱりしている」などと味わいを比較し、自然と言語化しているだろう。

なので、ひとつの味わいを追いかけているときに飲食店で飲むことになったのなら、臆せずにその品種や産地のワインをオーダーすればいい。

話をもとに戻そう。

「白はマコン、赤はボルドーのメルロー」を基準として、それより「辛口」「トロピカル」などのオーダーなら、品種や地域を指定しているわけではないので、選ぶ側も選択肢を広げやすい。

「マコンより辛口」は、マコンより北側の冷涼な地域のワインを指すが、「３０００円」ではその地域のものが店になかったとしても、実際「マコンより辛口」に感じる予算内のものを用意してくれる可能性があるということだ。

「白はマコン、赤はボルドーのメルロー」作戦は、なかなか優れモノなのである。

## オーダー迷子にならないために心得るべきこと

本書の執筆にあたり、担当の編集者、宣伝部長と著者2人で実際にワインを飲みに行くという実地取材を行った。その際の編集者N嬢のオーダーがなかなかよかったので紹介する。ちなみに彼女は、まさにこの本のターゲット層。平日、自宅で飲むワインは1000円前後のものをスーパーなどで購入し、ときに著者の接待などでワインを選ぶ立場にもなる。ワインは好きだが、自分の好きなワインの味わいをどう言葉にしていいかわからず、選べと言われると困ってしまう。ワインに対する経験値はそのくらいである。

4人で訪れたワインバーで、まずは各々グラスでオーダーすることにした。N嬢はリストのなかから、まずは白ワインをチョイス。

なにを頼んだのか聞くと、

「よくわからないので、一番上にあるものを頼みました。リストには価格が安い順に書いてあったので、まずは上から」。

なるほど。たいていの店では、グラスワインは安いものから順に記されている。N嬢がオーダーしたのはアメリカのソーヴィニヨン・ブラン（P199参照）。白ワインで言えば、果実味は生産国により、これはニューワールドのものなので、果実味はわりとしっかりしているはずだ。

彼女が1杯目の味わいをどう感じたかはさておき、次はボトルで飲むことにした。オーダーするのは、目下ワイン勉強中（取材中）のN嬢である。

N嬢「次は白ワインをボトルでください」

店員「どんなのにしましょうか？」

N嬢「このグラスで飲んだソーヴィニヨン・ブランは、私には、少し余韻が短いのが物足りない感じがしました。飲み口がべったりしていなくて、辛口で、ワインだけでゆっくりと飲めるものがいいです」

店員「おいくらくらいで？」
N嬢「そうですねえ、上限4500円くらい」

そこで店員がすすめてきたのが、カリフォルニアのシャルドネという品種の白ワイン。

店員「味わいはしっかりしていて、余韻は長めですよ」

N嬢は、北ヨーロッパのワインを期待してのオーダーだったと思うが、この店では4500円で北ヨーロッパの白の辛口は難しいのかもしれない。その代替案としたのが、カリフォルニアのシャルドネというワケだ。

N嬢「フランスの北の方のワインが、余韻が長くておいしいと聞いたのですが、この価格では難しいですか？」

Ｎ嬢、学習している模様だ。

店員「こちらをおすすめしようか迷ったんですが、これ、フランスです、南ですけど。ラングドックですがシャルドネです」

ラングドックと言えば、まさに地中海沿岸。この地方で白ワインの品種と言えばグルナッシュ・ブランと言われている。そのため店員はシャルドネに「ラングドックですが……」と付け加えたのだろう。確かに辛口と言えば辛口だが、Ｎ嬢が希望したフランス北部のものに比べると、辛さも酸味もはっきりしない印象だろう。あくまでも一般的な特徴で、何度も言うようにワインは、いい意味で期待を裏切ってくれる味わいというものがある。

Ｎ嬢「ラングドッグって、思いっきり南仏ですよね。もっと北はないですか？」

食い下がるＮ嬢。

店員「シャルドネじゃなくてもいいですか？」
N嬢「品種にこだわりはないので、シャルドネでなくてもいいです。例えば、フランス北側のものと同じニュアンスのものはありますか？」

ちょっと踏み込んだ話だが、フランスの北側で造られる白ワインの多くがシャルドネ種だが、ほかにもロワールのソーヴィニヨン・ブラン種、アルザスのリースリング種などが挙げられる。

店員「酸味がシャープなものですね。まさにフランスの北側のブルゴーニュならあるのですが、値段が上がってしまいます。5000円超えます」
N嬢「先ほどのカリフォルニアのものと、こちらのブルゴーニュのものとの違いはなんですか？」
店員「ブルゴーニュの方が酸味はシャープなのですが、2005年のものなので熟成が進んでシェリー酒っぽい熟成感が出ています。カリフォルニアの方は酸味がマイルドで、暖かいところで育ったぶどうから造られているので、ふくよかで甘味がありますね。同じシャルドネですが」

N嬢は、店にあるグラスワインを基準に、「それよりも」というオーダーをしたのである。第2章と、第3章のP82～93で話したことを使って、ごくシンプルにオーダーしたのだが、これだけ店員との対話が広がった。

「白はマコン、赤はボルドーのメルロー」作戦と要領は同じだが、店にあるグラスワインなら店員も必ず知っている味わいなので、比較対象として具体的でとてもいい。

結局このときN嬢はカリフォルニアのシャルドネを選んだ。そもそもの希望にブルゴーニュはどんぴしゃだったが、シェリー酒の熟成感という特別な味わいを感じるには、N嬢のワイン経験値が段階的にまだ早いと判断したからだ。

## 2杯目は1杯目よりも味わいの強いものを頼んだ方がよい

N嬢と店員の今回のやり取りでは、1本ずつワインが出てきたので、N嬢も自分のありったけの知識を駆使することになったが、一気に何本かのワインを出してきてプレゼンする店員もいる。

その場合、なにを決め手にすればいいかを話しておこう。

1杯目ならば、自分が出した基準に忠実なものがどれなのか、選んでくれた人に再度確認をして決めればいい。さらに違う質問をされるかもしれないが、それはあなたの好みを探るためだ。結果、身を委ねるのも悪くない。

2杯目ならば、「2杯目に飲んでがっかりしないもの」。簡単に言えば、香りにしろ、味わいにしろ、1杯目よりも強めのもの。これはグラス、ボトルに共通して言えること。1杯目の方が味わいが強いと、2杯目の味わいがぼんやりしたものになってしまう。

自分ではわからない場合は、ワインを選んでくれる人に、「2杯目に飲むなら、どれがいいでしょうか」と聞いてみればいい。きちんと選んでくれる人ならば、２杯目に飲むべきものをセレクトしてくれているはず。よりあなたの好みに近づくため、さらに質問をされることもあるだろう。そのやり取りを楽しみながら、決めるといいだろう。

グラスワインの場合は赤、白を決め、リストのなかでどれが２杯目にふさわしいかを尋ねてみればいい。赤、白を決めず、「次のお料理に合わせたいのですが……」とリクエストすれば、「次のお料理は○○だから、赤がいいですね」などとアドバイスをくれるかもしれない。

Tips

## いいワインは食事のはじめの方で

食事の際にワインを注文する順番ですが、泡、白、赤という方が多数ではないでしょうか。食前酒からメインのお料理に向けた、順当なチョイスかと思います。

適度な量を、適度なスピードでお召しになるのであれば、どんな頼み方でもいいと思うのですが、ワインをはじめとするお酒というものは、会が楽しければ楽しいほど、その量も増えていってしまうものですね。

そこで、会が長丁場になりそうなときに、私がいつも実践しているのが、いいワインほど早いうちにいただく、というものです。ある程度胃にものを入れて、あとはワインを楽しむだけとなれば、どんなに重厚な赤ワインでも酔う前にいただきます。

これにはわけがあって、もうお気づきかと思いますが、いわゆる酔っぱらいの失敗談でございます。酔いが回ると気が大きくなり、お財布の紐もゆるみがち。みんな集まったし、とか、好きな人といるんだし、と、せっかくなら「いいワインを飲もう！」などとなるのが常ですが、その感覚が訪れたならば、たいていの場合、時すでに遅し。せっかく奮発して高価なワインを開けたのに、その思い出は翌日の頭痛として残っただけ……なんて悲しいことになりかねません。ですから、高価なワインは味の記憶をきちんと残しておけるうちに飲む方がいいと思っております。

以前友人が、酔った勢いでセラーからそこそこいいワインを出してきたので、「開けてしまって大丈夫なの？」と聞いたところ、「また買えばいいじゃん」。高価ではあるけれど、まあ買えない金額でもなかったので、その味わいを思いっきり楽しみました。が、後日談として、「嫁が大激怒」とのこと。その銘柄自体は市場に出回っていますが、大変当たり年のものだったようで、「同じヴィンテージのものは買えないのよおおおおおお！！！！」と。「この世にないものを探してこい、と言われた」と友人はぼやいておりました。

ワインとは、お金を出せば買えるものでもないことが多々あります。酔っぱらったときほど、取扱いにはご注意を。

私はこんな体験もしたことがございます。その晩は、もうなにも飲めない、水もいらない、ほどに酔いが回っていたにもかかわらず、このようなときに限って、なぜか行きつけのお店がゴールだったりするものです。迎え入れてくれた店主もほろ酔いで機嫌がよく、「お、いいところに来たねえ。もう少し飲みたいから、せっかくだからいいワインを抜こう」などと言い、私の「やめて……」の心の声を無視し、小売価格1万円は超えるボルドーのメルローのワインを開けてしまいました。が、口にした瞬間、私の目は一気に覚めた、いや醒めたのです。酔いも吹っ飛びました。

ワインには、酔いも醒ますパワーがあることを体験しました。そのころの私は、まだワインの勉強をはじめたばかり。その後、一気にのめり込んだことは言うまでもございません。「自分でも、あのようなワインを選べるようになりたい」と。

## グラスワインで提供しているものと、ボトルで提供しているワインの違いとは

ボトルでしか提供していないワインと、グラスで開いているワインの違いだが、グラスで開けるワインは、一般的に受け入れられやすい味わいのものと思っていいだろう。個性的な味わいのものが開いているケースは珍しい。

ボトルのみの提供のワインは、簡単に言えば高価なもの。

ワインは抜栓すると酸化が進んで味わいに変化が生まれる。ワイン1本分をグラスに換算するとだいたい5〜7杯で、その分のオーダーがワインの状態がいいうちに入るかどうかわからないため、グラスワインとして提供するにはリスクが高い。

また、熟成が進んだワインも同様の理由で、グラスワインでお目にかかれる機会は少ない。

## より上級ワインを飲みたいなら、「村名」を使ってみる

ここらへんで、より上級のワインを飲みたい場合のオーダーについても話しておこう。デートや接待なら、ワインも少しきばりたいというものだ。

今の段階で、上級ワインにありつくために覚えることは、たったひとつ。「村名《そんめい》」という言葉のみ。日常ではあまり聞かない言葉だと思うが、ワインにおいては常用語である。

どのように使うかと言うと、「ボルドーの村名ください」。

少し説明をしよう。

フランスワインは、ワインにまつわる法律※でそれぞれの産地が定められ、またその法律に従って土地のなかでも決められた区画でランクが付けられている。

本書で基準としている、フランス・ボルドーを例に挙げるよう。

**ボルドーの格付け**

**ボルドー地方全体で、約4000のシャトーが存在**

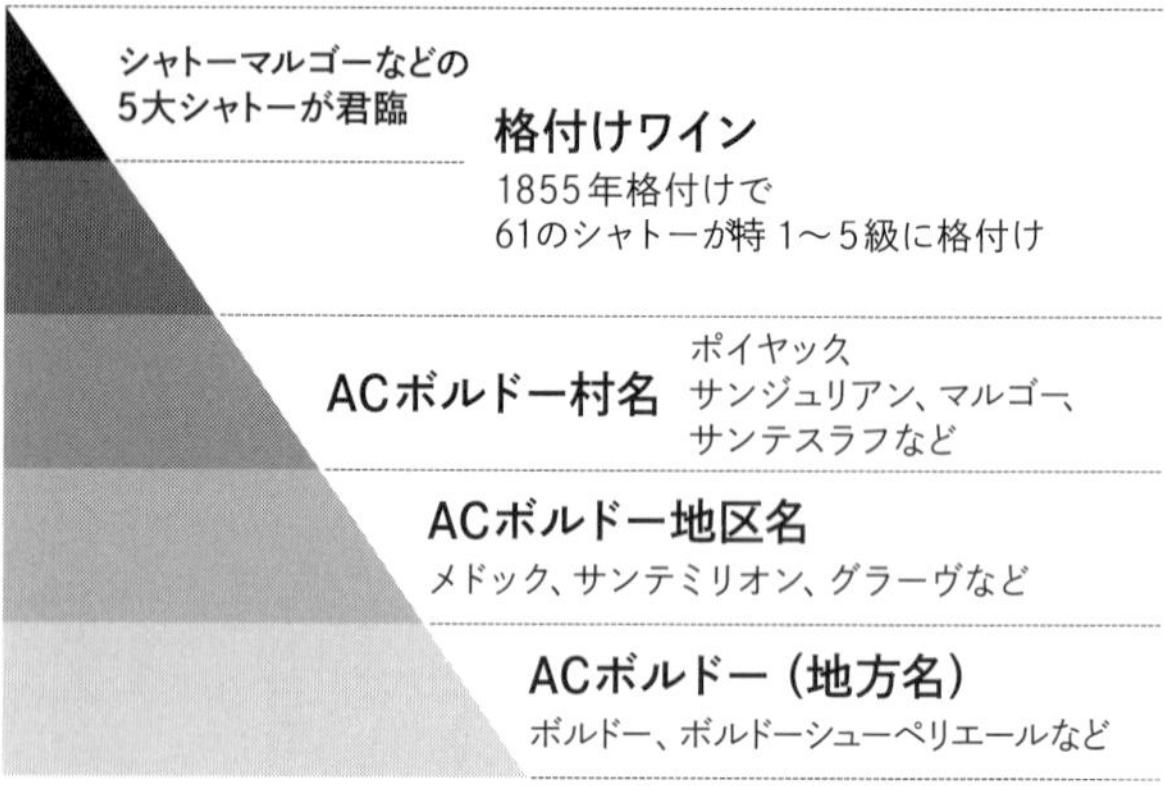


地方：ボルドー
ボルドーのさまざまな場所で栽培されたぶどうをブレンドしたワイン
↓
地区：ボルドーのメドック地区
ボルドーのメドック地区のみのぶどうで造ったワイン
↓
村名：ボルドーのメドック地区のマルゴー村
ボルドーのメドック地区のマルゴー村のみのぶどうで造ったワイン

矢印の順で、区画がどんどん小さくなり、ワインのランクが上がっていく。

**ブルゴーニュの格付け**

**ブルゴーニュ地方全体で、約100のAOCに区分**

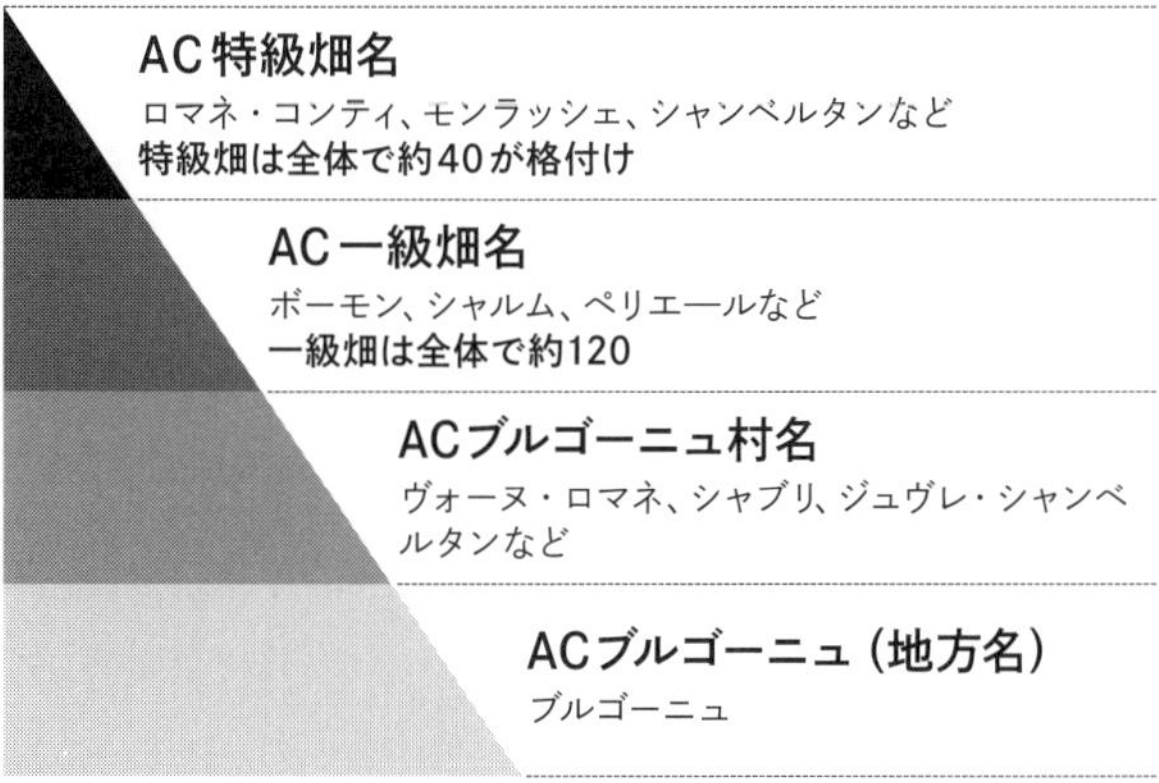


法律ではないが、この上にさらにシャトー（ワインを造るワイナリー）5級〜特1級の格付けがあり、特1級がいわゆる五大シャトーだ。

ボルドーと並んで有名なブルゴーニュでは、村名の上に畑名、さらに上に特級というクラスがある。

地方→村→畑という順序のランクがあり、区画が小さくなるにつれ、規制内容が厳しくなり、ワインも上質になる。

再三登場しているフランス・ボルドーのメルローというのは、ボルドー地方のさまざまな畑で採れたメルロー種をブレンドして造ったものを指すわけだ。

それよりも上級なものを飲みたいとなれば、「村名」。そのひと言で、必ずいつものボルドーよりランクの高いワインが出てくるのだ。ちょっとワインを知っている人にも見えるので、しかるべきシチュエーションでも使える便利な言葉である。

もちろん「特級」でもよいが、会計時の覚悟はしておかなくてはいけない。

最後に誤解を招かないように補足をさせてもらう。これまで主体に話を進めてきたボルドーのメルローといえば、サン・テミリオン地区やポムロール地区で多く造られている品種。ボルドーは各地区で特級格付けがある（ポムロール地区には公式格付けはないが、慣習上の格付けはある）が、ここでは、「村名」がわかりやすいようメドック地区を例に挙げた。この地区では、読者のみなさんもご存知、五大シャトーの「シャトー・マルゴー」など、メルローより渋い品種カベルネ・ソーヴィニヨン主体で造られているワインが多い。

〈法律〉

ワインの生産国の各国には、ワインに関する規制法があり、それをワイン法と呼ぶ。その目的は、それぞれの地域のワインの個性を明確にし、品質を守ること。そもそもワイン法のはじまりは１９３０年代までさかのぼる。このころ、フランスの有名産地を偽って名乗るワインが多く出回り、その防止策として制定された法律が「原産地呼称制度（ＡＯＣ法）」。例えば、「シャンパン」は、フランスのシャンパーニュ地方で、決められた品種のぶどう、伝統的な製法で造られた発泡性のワインしか名乗れない。法的に決められた、その産地のぶどうのみを使用し、一定の基準を満たして造られたワインである必要があるということだ。

フランスのＡＯＣは、法律で決められた原産地の名であるため、地図上の住所として使われる土地の名前とは区分が異なるのでややこしいのだが、ワインのＡＯＣだけで約４００ある。イタリアやスペインをはじめとするヨーロッパ連合（ＥＵ）に加盟しているワイン生産国においては、ＥＵのワイン法に基づき、それぞれの実状にあったワイン法を制定しているほか、アメリカやオーストラリアにもワイン法はある。

## イタリアワインの高いクラスを飲みたい場合は どうオーダーすればいいか

「村名」は基本的には、フランスワインで使う言葉であるが、ヨーロッパのほかの生産国でも応用はできる。イタリアなら、こんな感じだ。

お客「イタリアのワインがよくわからないので、フランスで言う『村名』クラスくらいのものが飲みたいです」

これだけで、ソムリエは、ちょっといいランクのワインを用意すればいいと理解してくれる。例えば、「キャンティ」なら、「キャンティ・リゼルバ」「キャンティ・クラシコ」「キャンティ・ルフィーナ」が出てくるはずだ。

もちろん、「村名」と伝える前にいままで通り、好みの味わいを伝えよう。

もし日常的にキャンティを飲んでいるのだとすれば、次のようなオーダーでもいい。

お客「いつもはキャンティを飲んでいるのですが、キャンティの『村名』版みたいなの、ありますか？」

〈キャンティ〉

イタリアワインのなかで、最も知名度の高い赤ワイン。イタリア半島のほぼ中央部、トスカーナ州の広い地域で生産されている。「キャンティ・クラシコ」は州中心部の限定された地域のみで造られたもの。ぶどう品種は、サンジョヴェーゼが75～90％使用され、ほかの品種がブレンドされている。このワイン独特の醸造法で、赤橙色、すみれのような香り、フレッシュな酸味のなかに特有の渋味とコクのある風味が感じられる。クラシコは重厚な熟成タイプが多い。

## “Reserve”“Estate”“Single Vineyard”と書かれたワインは上級もの

ニューワールドの上級のものを飲みたい場合はどうだろう。

ニューワールドのワインは基本、ラベルにワイン名のほかに品種が書いてある。加えて「リザーブ（Reserve）」、「エステート（Estate）」「シングル・ヴィンヤード（Single Vineyard）」と書いてあるものが上級ランクだ。

「リザーブ」とはある一定の基準をクリアしていない名乗れない称号と思っておけばいい。「シングル・ヴィンヤード」は「単一畑」を意味し、環境的に恵まれた、選ばれたひとつの区画で採れたぶどうのみを使って造ったワインのことを指す。「シングル」の部分が畑の名前になっていることが多い。

上級のものを飲むにあたって肝心なことは、そのノーマルランクの味わいが好きかどうかである。上級のものの味わいはもちろんおいしい、しかし自分の好みの味わいを追求している間は、決めた味わいを貫いてほしい。上級のワインにトライするならば、「これが好き！」

と思ったワインのものをぜひ。

## コルクを抜いてから もっともおいしいタイミングで飲むには

これまでずっとワインのオーダーについて勉強してきたので、ちょっと閑話休題。せっかくなので、上級ワインにまつわる話をしよう。

何十年と熟成を重ねたワインや、いわゆる高級ワインは抜栓してすぐよりしばらく置いた方がおいしくなる、という話を聞いたことがないだろうか。

熟成して飲みごろを迎えた状態で楽しむことが多い高級ワイン。長年酸素から遮断《しゃだん》された状態で栓を抜いても、いきなり本来の香りや味わいは現れない。さしずめ目は覚めたが、起き上がって来られないようなもので、この状態を「閉じている」と言ったりする。

個々のワインにより挙動は異なるのだが、香りの量がピークになる、いわゆる「開いた」状態になるまで待つ方がよく、味わいも開いたときの方がより満足感を与えてくれるのは確かだ。

しかし、そのタイミングを図るのは難しく、すぐに飲んでいまいちと感じてしまうかもしれないし、それが開いていないためなのか、それともそのワインの本質なのかの判断は素人ではお手上げ。しかし、プロであればワインの本質は抜栓したばかりでもわかる。すべてのワインが時間が経てば必ずおいしくなるかと言えば、それは違う。

だからこそ高級ワインを開けるのは、ソムリエがいる場所がいい。数十分、あるいは1～2時間（高級ワインが開くにはザラの時間である。数日かけて、なんてものもある）、そのときを迎えるのを待つ。その間は、ほかのワインを飲んで待つ贅沢な時間としてもいい。高級レストランでは、お客を待たせ過ぎるわけにもいかないので、同じ銘柄を扱い慣れたソムリエが、開くまでの時間を考慮し、あらかじめ抜栓しておき、飲み出すタイミングを図ってくれることもある。

日常生活で飲むレベルのワインには「開く」ための時間や作法はいらないが、高級ワインは知っていると、より楽しむことができる作法がある。実のあるマナーはぜひ取り入れたいものだ。

## オーダーのポイント　まとめ

ここまで話してきた、飲食店でワインをオーダーするポイントをまとめておこう。

❶ワインリストをもらい、店のワインの価格を把握する。
❷泡、白、赤、グラスかボトルかを決める。
❸価格を決める。5000円を出せば、まず間違いない味わいに出会える。
❹「○○より甘め、辛め」などの方法を使い、自分の好みを店側に伝える。このとき、具体的に飲みたい品種や産地がわかっていれば、それも伝える。
❺❹と同じタイミングで、予算も伝える。できれば「3000～4000円」など幅を持たすといいが明確に伝えること。
❻いつもより少しいいワインを飲みたい場合は、ヨーロッパは「村名」、ニューワールドは「リザーブ」と伝える。

❼2杯目を注文する場合は、1杯目より香りや味わいが濃いめのものを。

## Tips 「テイスティングされますか?」のスマートな対応

みなさんもいよいよ上級ワインをオーダーするときがやってきたようですね。ならば、もうひとつマスターしなくてはいけないことがございます。それは、ホストテイスティング。ワインを頼んだ際にソムリエさんに促される「お味見されますか?」。女性とふたりなら男性が（わたくしの主観でしょうか）、大人数の会合ならその会の主催者である人が、オーダーしたワインを最初にお味見をする、アレ、でございます。

ホストテイスティングはそもそも、中世の貴族社会の習わしでありました。暗殺や謀反などが度々ある物騒な時代、ゲストを招いた宴の席でふるまうワインに毒薬などを潜ませていないと証明するために、最初のひと口はホストが飲んだことが起源とか。

現代において、「そもそもホストテイスティングはしなくてはいけないか?」、などのお声もちらほらと聞こえてきます。

会の人数が多ければ多いほどたくさんの人が、ホストが味見する姿に固唾を呑んで注目し、女性とふたりでも至近距離でその態度を見られるわけですから、慣れなければ緊張もするし、最初はどこか気恥ずかしい（むしろ恐怖）かもしれません。

しかし、そこはワイン道。接待の席にしても、デートにしてもスマートにこなせればかっこいいですし、あなたの株が上がることは間違いなしですから、くじけずに！初心者でもこなれて見えるホストテイスティングの方法をご存知なら、恐れることはございません。

●素早く済ませば、さまになる

ホストテイスティングの目的は、味わいが劣化していないかという「毒味」です。実際、本書の読者のみなさまだけでなく、ワインを好んで飲まれている方でも、よっぽどおかしな臭いでもしない限り、わずかな劣化などはそうおわかりになるものではありません。

ならばデートや接待などのお席で大切なのは、手早く済ませること。グラスに注がれたらソワソワせず、さっと香りをかぎ、ほんの少し口に含んでください。飲み込んだら間髪入れずに、ソムリエさんの目を見て「お願いします」。このほんの数秒の儀式を滞りなく行うだけで、ワインに慣れ親しんだ人に見えるものです。

●初級者でもこなれて見える？

接待の席など、スマートさを見せつけたいとき。伊藤さんご推薦の、お味見の後のひと言は、「こんなものかな」。少し上級者向けではありますが、思わせぶりなOKサインが、ワインをよく知っている感じを演出できそうです。でもまだ場数を踏んでいない場合、決して言いやすい台詞ではありませんので、ご無理は禁物です。

さらに、香りを嗅ぐのみで「お願いします」、またはソムリエさんの目を見ながら頷くだけ、なんて方法も初級者でもこなれて見える対応として伊藤さんがおすすめしていましたが、わたくしから言わせていただけば、デートでそんなことをしてさまになる殿方はそうそういらっしゃいません。接待なら効果的な方法かもしれませんね。

## ●ワインは誰が注ぐもの?

ソムリエさんがいるようなお店、とくにグランメゾンでは、ソムリエさん以外がワインボトルに触れるのはNGです。あなたがホストである接待の会食の席だとしても、です。

少しくだけた会の場合、ワインが進んで宴も盛り上がってきたら、ホスト自らゲストに注ぐのは、ふるまいのひとつになることもあります。様子を見ながら、うまく空気を読むのもビジネスマンとしての才覚でしょう。

お相手が女性の場合は? ずばり申し上げます。ワインを注ぐのは男性の役割です。女性には決して注がせてはなりません。そしてもうひとつ覚えておいていただきたいのが、決してグラスを空にしないこと。女性のグラスが残りふた口くらいになったら、注ぎ足してください。もちろん、お相手の酒量を確認しながらですが、そのくらいの気配りが必要です。

仮にご自分が上司で、部下の女性と飲むシチュエーションであっても、殿方であるあなたが注げば、「なんて素敵な上司なの」と株も上がります。ソムリエさんがいるお店では、お任せしておけばよろしいのですが、グラスが空になってしまいそうであれば、率先して女性に注いで差し上げてください。これは、理由うんぬんではなく、ワインをスマートに飲む殿方としてのマナー。ワインには、女性が注いだら幸せになれない、との言い伝えもあるのです。

それと最後は必ず女性に。最後の一滴は、幸せの一滴だからです。男性諸君、酔っぱらっている場合ではございません。最後の一滴を使って、口説くくらいの気概をお見せください。

Lesson 1

# 接待、デート……ワイン選びではずさないためのスマートなオーダー方法とは？

商社やメーカーなどの海外駐在員の方を筆頭に、どうもワインは会食の際の悩みのタネのようで、マニアックでなくても、「知っているとラクなのになぁ」というお話をよく耳にします。

余談ですが、「デートでワインリストが読めなくて」という殿方のお話は最近では聞いたことがありません。残念ながらあまりかっこつけてくれなくなったのか、おいしいものが好きな方でも、そもそもワインを飲まなくてはいけないようなレストランをセレクトしないのでしょうか。一方、女性はどんどん自立しておりますので、ワインを選ばなくてはならない状況になったなら、わからなくても自分好みのものをさらっとチョイスいたします。私もデートで、ワイン関係で知り合った方以

※このコラムは2011年刊行の『日経プレミアPLUS』に連載された「ワイン・コンシェルジュ」を収録したものです。
これまでの応用編として、お楽しみ下さい。

外、ワインを選んでくれる殿方にはお会いしたことがありませんし、私が「ワインを飲みたい」と申し上げますと、「僕も飲むから、好きなものを選んで」と言われてしまいます。少しでも好みのヒントをいただけると、選ぶ私も、自分の好みによりがちにならずおもしろいのにな、と思ったりするものです。

お話をもとに戻します。

まずは「たるたる」店主の伊藤さんが、1杯目のワインをどのように決めさせるのか、というお話からはじめましょう。ここからは、店主の口上をそのままご紹介させていただきますので、ご承知ください。

店主「なに、飲みますか？　泡ですか、白ですか、赤ですか」
お客「白にします」
店主「じゃあ、辛口タイプですか、それともフルーティーなタイプですか」

白なら、こんな感じです。覚えておくのは、たったふたつ。辛口か、フルーティーか、それだけで、接待で使うようなレストランでのオーダーとしても通用します。
ちなみに、このキーワードで、どこの国のワインかもほぼ決まったようなものです。

店主「白で辛口といえば、ほぼフランスワイン。フルーティーなのは、アメリカとか、オーストラリア、ニュージーランドなどのニューワールドと呼ばれる地域のもの、なんていうのが特徴ですね」

応用するならば「白ならフランスタイプが好きですね」イコール「白なら辛口が好きですね」ということです。

1杯目の白ワインのグラスが空きました。

店主「次、なに飲みますか？」
お客「じゃあ、赤にします」

店主「グラスにしますか？　ボトルにしますか？」

この「グラス」「ボトル」もけっこう使えます。ボトルワインは1本約750ml。ビールや缶チューハイ約2本分ですが、アルコール度数は14度前後が平均的ですから、ビールなどの3倍近く。どちらかといえばアルコール分の高いお酒に分類されます。そして、グラスで頼む場合ですが、たいていのお店がボトル1本で6杯分、1杯を約125mlで提供しています。たまに5杯どりなどという、太っ腹のお店にも出会いますが。

会食のお相手の酒量によって、ホストであるあなたがお相手に聞いてさし上げるか、もしくは「今日は、グラスで続けましょう」と言ってさし上げれば、お相手の方も気がラクなはずです。「お酒は強くないけれど、ワイン少しなら好きです」という方もおられますから。

お客「ボトルがいいです」

店主「うちは、ボトルの価格は松・竹・梅です。梅は3000〜4000円、竹は5000〜6000円、松は7000〜8000円。梅で充分ですね、竹は非日常、松なら超うまいですよ」

とても高価なワインを飲んだけれど、そんなにおいしくなかった、などという経験をお持ちの方も少なくないと思います。値段と味のおいしさが比例しないのも、ワインを難しくさせてしまう要因のひとつ。1万円以上のワインしか置いていない超高級店でない限り、潔く5000円以下、5000円以上、約1万円の分類と覚えておけばいいのです。単価がもう少し高いお店なら、この三段階のレベルをそのまま上げればいいだけです。そもそもソムリエさんのいないお店で、5000円を超えるワインばかりを揃えているお店などそうそうありません。

また店主曰く、ワインに力を入れているお店はいまどこも、おいしいワインを少しても安く提供するために値付けに力を入れてらっしゃるそうで、５０００円も出せばハズレをつかまされることはまずなし、どころか「ウマい！」はずだと断言されておりました。

価格が決まったら、味わいを決めていきましょう。

店主「ヨーロッパのものと、ニューワールドのものと、どちらにしましょうか」

「あら?」とお思いですか。いいえ。急に難易度が上がってしまったわけではありません。あなたならなんとお答えになりますか。

お客「フルーティーなものがいいです」

はい、この答えでよろしいのです。白ワインと同じなのです。ニューワールドのものはフルーティー、ヨーロッパ、すなわちフランスを含む欧州地域のものは辛口。ざっくりと申し上げれば、このようなことになります。もちろん、ヨーロッパか、ニューワールドが素直にお答えになっても問題はありません。

なぜ店主は「辛口のものか、フルーティーなものか」と聞かないのでしょうか。それは、赤ワインは白ワインに比べて液中に含まれる糖分が低く、甘口か、辛口かで言えば、辛口だから。フルーツのようにジューシーな甘い感じのある赤ワインであっても残糖度は非常に低いのです。辛口をベースに果実の味わいを強く感じるものがニューワールドの、そうでないものがヨーロッパのワインと、大きく区別できます。ですから「辛口がいいです」と答えれば、甘さやフルーツのニュアンスが比較的少ないものが運ばれてきます。

ちなみに赤ワインのフルーティーなものは「果実味が強いタイプ」と表現するのが一般的で、代表選手はチリのワインです。今ではコンビニでも定番ですから、一度はお口にされたことがあるのではないでしょうか。太陽や、自転車のマークのラベルのもの、見覚えありませんか。

さて、ワイン・コンシェルジュの口上はいかがでしたでしょうか。ソムリエさんに希望を伝える時はもちろん、ソムリエさんがいないお店でワインを選ばなくてはならないときに思い出していただけたら、そこではあなたがワイン・コンシェルジュです。辛口か、フルーティーか、そのどちらかだけをお相手から聞き出せばよろしいのです。あとはワインのメニューを見て、その場にふさわしい価格を、ゲストであるあなたが選択してください。

ただし日本人の場合、重要度の高い接待では、価格がすべてを担保してくれるのが常でありましょう。ハズさないワインは、値段の高い、フランス・ボルドーのシャトーのような有名銘柄のワインです。そのような高級ワインがラインナップされているお店には、必ずソムリエさんがいらっしゃいますので、予約時のお電話でワインを決めてしまっておくのが無難です。

# 第4章

# シンプルな3つの原則で、マリアージュは把握できる。

ワインと料理の合わせ方

2012年は、日本人ひとりあたりのワイン消費量が2．57ℓ、3ℓに近づいた。ここ10年、日本人全体のアルコール消費量が下がるなか、ワインは6年続けて伸びている。これは嬉しいニュースだ。

低価格ワインの輸入量が拡大したこともあり、巷の洋食系の飲食店だけでなく、居酒屋のワインのラインナップも充実傾向にある。それは大変喜ばしいことなのだが、それらの店にはワインを選んでくれる人がいないことが多い。

ということで、この章では、店にワインを選んでくれる人がいない場合の選び方を話そう。

居酒屋は本来、酒と料理の相性をストイックに追求する場所ではない。ワインも同様、居酒屋で飲むのであれば、難しいことなど考えずに思いっきり楽しめばいい。その方法こそ、さまざまな料理と合わせてみることだ。「酒との相性を楽しむ場所ではない」と言いながら矛盾しているようだが、そうではない。

カジュアルなワインほど、食べものが口に入っていると飲むワインがよい味に思える傾向があると言われている。言い換えれば、安いワインでも充分楽しめるということだ。もちろんワインと食べものの相性が悪く、生臭さが……などということもある。そんな組み合わせに当たったら、それこそ経験だ。

この章では、簡単なワインと食事の合わせ方を中心に、知っていると、「へ～！」が集まるトリビア的（表現が若干古いが）なネタも集めてみたので、デートで、ちょっとした会食でぜひ使っていただきたい。

## ワイン、料理どちらを主役にするかをまず考える

気軽な飲み食べを目的とした居酒屋で、ワインを楽しむのにもってこいの、食べものとの合わせ方を紹介したい。「ワインと料理の相性」というと頭を使ってしまいがちだが、この方法を知れば、「なんとなくでいいんだな」くらいに思っていただけると思う。

「マリアージュ」。この言葉は、ワインと料理がぴったり合うことを言う。もともとは、フランス語の「結婚」を意味する。夫婦がぴったり合っているかは別にして、どんぴしゃの組み合わせを体感すると、まさに口福。料理だけでも、ワインだけでも味わうことができないおいしさに目を見張ることがある。

「リースリングと天ぷら」、「カベルネ・ソーヴィニヨンとビーフステーキ」、「甘口ワインとフォアグラ」など、定番と言われるものはいくつかあるが、実際、プロでも完璧にマリアージュさせるのは、ブラインド・テイスティングでワインに使われているぶどう品種、生産された年、生産地を当てるより難しいとも言われている。

フランスやイタリアなどヨーロッパの国々では、食事の時間にワインはつきもので、料理を食べるときにはワインを飲む、昼でも少し飲んだりすることがある。

各地でワインが造られ、土地の人はそのワインと、土地の食材で作った郷土料理で食事をしてきた。土地の料理、または土地のワインのどちらかが、どちらかに合うようにと自然と変化していき、神経質に相性を考えることなどなく、マリアージュとなっていったのだろう。

そのくらい気軽なら、ワインの楽しみはもっと広がると思う。最近は業界内もよい傾向で、ワインと料理の合わせ方に対する新しい考え方が見られる。

それを居酒屋でワインを楽しむ方法として、ぜひおすすめしたいのだ。

料理を引き立てるワイン、それともワインを引き立てる料理やつまみ、どちらの方法で楽しむのかという合わせ方だ。

どういうことかと言うと、料理をメインに展開するならば、その料理を打ち負かすようなワインは避け、「今日はコレを楽しみたい！」というワインを選んだのなら、風味の強い食材や料理は避ける、という方法である。

例えば、鯛の刺身。繊細な香りと淡白な味わいで、まさに日本人の舌が楽しめる料理だ。それにニューワールドの果実味爆弾のような赤ワインを合わせたらどうだろう。前者の、料理を打ち負かすワインである。口中の感覚を想像してみてほしい。

それでは、ワイン主体の方は？　との声が聞こえてきそうだが、気軽な飲み食べを目的とする居酒屋では、ワインを主役にするような銘柄はなかなか置いていないこともあり、いつも通り、食べたいものを優先に考えてみてはいかがだろう。それでも知りたい場合は、この章でワインと料理の簡単な合わせ方を紹介するので、その項を参考にしてもらいたい。

## クセのある素材には、同じぐらい強い風味のワインを合わせる

もうひとつ、料理や、その素材自体に非常にクセがある場合の合わせ方も覚えておくと便

利だ。強い素材には、同じくらい強い風味のワインを合わせると、互いが互いの強さを緩和する。強い風味のワインを選んでしまったときも、然りである。

例えば、居酒屋定番メニューのモツ煮込み。モツ自体にクセがあるため、比較的風味の強いワインを合わせるといい。そうでないと、モツの臭みが際立ってしまう。モツ煮込みと相性のいい、芋焼酎との組み合わせがイメージに近い。互いにかなりクセのある味わいだが、ともに食せば各々の出過ぎた主張を互いが打ち消し合い、感じにくくなるのが不思議だ。

このふたつの方法は、居酒屋での楽しみ方にはもってこいなのだ。

## 豚のソテーなら白、焼き肉のタレなら軽い赤……すべての料理に応用できる「色の法則」

魚は白、肉は赤。これはよく知られた法則だが、半分アタリで、半分ハズレといったところか。しかしここでの話も、これくらいシンプルな法則だ。

素材や料理の色に、ワインの色を合わせる。

豚のロース肉を例に挙げよう。

日本人が豚肉を生で食べることはまずないので、フライパンで焼くだけのソテーから。味はシンプルに塩、胡椒のみ。肉色はどう変化するか？　そう、白くなる。なので、合わせるワインは白だ。これにレモン汁、ネギのみじん切り、すり生姜をかけたら、これも白ワインが合う。レモン、ネギ、生姜のいずれも、白ワインの色と共通しているからだ。

次は、甘辛な焼肉のタレで焼いてみよう。調味料は醤油が入っている。仕上がった料理は茶に色付いたので、軽い赤ワインがいいだろう。

トンカツにしたら、どうなるか。どんな調味料をつけて食べるかで、合わせるワインが変わる。考えられるのは、①ウスターや中濃ソース派、②塩＋レモン汁派、まれに③わさび＋塩（or 醤油）派がいるだろうか。

トンカツの衣は茶色だが、①のソースは、色がかなり濃く、甘味がある。これなら濃い果実味タイプの赤ワインでも負けない。醤油ならソースより透明度があるので、もう少し軽めの赤ワインがいい。②は、衣の色は調味料で染まらずに、茶色のままのため、色の濃い白ワインを合わせたい。ニューワールドの果実味（フルーティー）タイプ、樽熟成させたもので、木からの風味があるワインも揚げた衣の香ばしさと合うだろう。③は番外編だが、わさびは意外にどちらでもいける。わさびをわずかにつけて黄緑色系の白ワインと合わせると、わさびが和のハーブという感じで、爽やかな植物のニュアンスと寄り添う。色合わせではないが、酸味のある軽い赤ワインのほんのりとした渋味は、わさびの刺激と相まって、ツンと鼻に抜ける辛味がミントを思わせる味わいに。ことに醤油と合わせると、色味も合ってより好相性。

付け合わせのキャベツも、ソースをかければ赤ワイン。オリーブ油に、塩＋レモン汁または白ワインヴィネガーを混ぜたドレッシングなら白ワイン、といった感じ。

こんな感じの要領だ。

もともとの素材の色も大事だが、調理を施した後の表面の色や、タレやソースをかけるなら、その色も考慮するといいだろう。

料理に合わせてワインを選ぶ、となると身構えてしまうが、素材をおいしく食べようと調理法や味付け、調味料を選ぶのは誰もが自然にやっていること。料理の仕上がりの色や食べ方によって微妙に変わる色合いと、ワインの色を合わせる方法で、いろいろ試してみると楽しみが広がるだろう。

## サラダは白、しゃぶしゃぶも白、すきやきは…？

●野菜

透明なオイルドレッシングをかけたレタスなどのシンプルなサラダは、黄緑色の白ワイン。黄緑色は若いワインの証。フレッシュな酸味が瑞々しいサラダに合う。

ほうれん草のように濃いグリーンは、軽めの赤。それをベーコンとソテーなどしたらぴったりだ。白ワインは熟成が進むと、緑は濃くならず、黄味が強くなりオレンジ色に向かうので、合わせるのは白ワインではない。濃い緑の野菜はタンニンがあり、赤ワインのタンニンとも合う。

●鍋

濃い醤油と砂糖で茶色くなったすき焼きは、濃い赤ワインが断然いい。豚しゃぶはタレにもよるが、白ワイン。一緒にしゃぶしゃぶする野菜はレタスがいいだろう。ポン酢やレモン汁をかけたら辛口タイプ、ごまダレは果実味タイプを召し上がれ。シンプルなのに、このうえなく合う。

●チーズ

白カビチーズなら、白ワイン。色の付いたチーズ、例えばミモレット、チェダー、ブラックペッパーがまぶされたチーズなどは赤ワインがいい。だいたいは表面の色で判断すればよいと思うが、皮が分厚くて普通は食べないものに関しては、中身の色みで判断すればよいだろう。

## 焼き鳥の塩や枝豆には果実味タイプの白……「色の法則」を居酒屋メニューに応用すると

色の法則で、居酒屋のメニューをワインに合わせてみた。細かいワインのニュアンスによって感じ方は多少異なるとは思うが、ぜひ試してみてほしい。

●串焼き

鶏の正肉やねぎま。塩なら、炭焼きで少し焦げているので、ちょっと色が濃いめの白ワイン。炭焼きの香ばしさが樽香とも合うだろうから、地中海沿岸からニューワールドの果実味タイプの白ワインがいいだろう。

ちなみに樽香と言われるものは、木がもともと持っている風味がワインに移っているものもあるが、たいていのものは樽の内面を炎で焦がした風味のこと。そのため、新品の樽に寝かせた原酒を使っているワインには、甘い食材が焦げたような、例えば焼き芋や天津甘栗のような香りが感じられる。

タレなら赤。焼き鳥の醤油ダレは甘いので、こちらも果実味タイプの赤ワイン。

牛のハラミ串は、塩でもタレでも肉色が濃い赤なので、濃い赤ワイン。豚のカシラも同じことが言える。が、豚は牛より肉色が少し薄いので、牛に合わせるワインより薄めでも◎。

鶏つくねはタレなら赤ワインだが、生卵をつけるタイプは、生卵とワインとの相性がものによってはちょっと厳しいことがあるようだ。

●きゅうり漬け

黄緑色系のワイン。外国で言うオリーブみたいなものだ。ただしぬか漬けの古漬けになると、辛口タイプの赤ワインとも合う。浅漬けなら白ワインで。

●枝豆

白ワイン。豆に甘味があるので、酸っぱいものより、果実味タイプの方が合うが、あまり強すぎないものがいい。地中海沿岸ゾーンの生産国のワインを合わせてみてはいかがだろうか。意外に美味な組み合わせ。

●ポテトサラダ

白ワイン。じゃがいもも白だが、具材を和えているマヨネーズや酢の色に合わせて。マヨネーズの場合は風味が強いので、その風味に負けない少し濃いめの白がいい。

## 重い赤ワインは肉さえあればウマくなる

色で合わせる方法以外にも、覚えておくと便利な組み合わせをいくつか紹介しよう。

●渋味＋脂

ステーキなどガッツリとした肉には、肉色しかりで、赤ワインがやはり合う。しかも重たい赤ワインほど、肉さえあればウマくなる、と言っても過言ではない。

なぜ肉で赤ワインが進み、赤ワインで肉がウマく感じるのか。

その理由は、渋味にある。肉料理の脂を赤ワインの渋味が洗い流し、舌をリセットしてくれる。クレンジング作用のようなものだ。そのため、赤ワインを飲むとまた肉が食べたくなり、肉を食べると赤ワインが飲みたくなる。

味付けは、塩、胡椒だけなら辛口タイプのボルドー。焼き肉のタレのような甘辛ソースなら、ニューワールドの果実味タイプ。

また、酸味も一役買っていて、こってりした味わいをさっぱりさせてくれる効果もあるだろう。

濃い重たい赤ワインだけでなく、軽めの赤でも癒しの役割を果たしてくれる。

### ●パンと水

口中をクレンジングしてくれると言えば、パンと水もなかなかのアイテム。

多種多様なワインをテイスティングする試飲会では、テーブルにパンと水が用意されている。まるでキリストの食卓のようだが、そういうわけではなく、いろいろなワインを飲んでいて、味覚が曖昧になったときに役に立つ。

パンは味覚をリセットしてくれる。水もいいのだが、次に飲むワインの味わいも薄まってしまうので、私は試飲会では避けているが、食中なら問題はないだろう。

ワインと食べものを合わせて口中に不快感を覚えたら（例えば、いくらと赤ワインなど、魚卵系とワインの相性は厳しい状況があるようだ）、パンを食べれば緩和される。

いろいろな料理が同時に並ぶ日本の食卓では、1本のワインですべての料理に合わせようとするには無理がある。しかし1本で通していて、仮にいまいちな組み合わせになったとしても、パンと水があればやり過ごせる、というわけだ。

●甲殻類、魚介類＋バター、生クリーム、オリーブ油＋レモン

フランス料理によく登場する海老やカニといった甲殻類。焼く、蒸す、茹でる、といった単純に火を通しただけの甲殻類をワインと合わせると生臭みが出てしまい、相性はなかなか厳しい。それは、甲殻類の「殻」が原因なのだろうか。焼いたり、干したりした桜海老や、丸ごとすりつぶした海老を使って焼いた煎餅などで試していただきたい。

## 「油とレモン」が ワインとの橋渡し役になる

メルシャンが2001年から行ってきた生臭みの研究によると、ワインに含まれる鉄が魚介類の過酸化脂質に作用すると、生臭さを感じさせる匂い物質が作られるそうだ。

ところがフレンチをはじめ、ワインに合わせる料理には、甲殻類を使ったものが多くある

が、それはなぜだろう。バター焼き、クリーム煮、グラタンなど。よく考えると、バター、クリームなどの油を使って料理されたもので、こうした料理ならワインを飲んでも不快感はないというより、むしろ、おいしく食せるのではないだろうか。

先のメルシャンの研究報告を読むと、その理由は、口中で素材とワインが合わさった際に生まれる不快臭成分は、油分があると鼻が感じにくくなるからと書かれている。油のおかげで、ワインとともにおいしく食せるというワケだ。

オリーブ油も同じことが言える。よく白ワインと合わせるカルパッチョだが、ワインと合わせるとときに生臭くなる生魚も、オリーブ油のおかげでおいしく食べられる。

また、シンプルに焼いたものには、たいていレモン汁をかけるが、それがワインとの橋渡し役になる。

ワインジャーナリストの鹿取みゆきさんをはじめ科学者や醸造家の方などの著書『においと味わいの不思議』に書かれていたが、実際にメルシャンでイクラとワインを合わせる実験を体験した際、いくらだけでは生臭かったが、サワークリームを合わせると生臭さは軽減し、レモンを搾るともっと軽減されたという。

油とレモン、おそるべし、である。

## 新世界のワインよりも ヨーロッパの辛口ワインの方が広く食事に合わせやすい

カジュアルなワインほど食べものがあると、楽しめることがなんとなくおわかりいただけただろうか。

いろいろ話したが、結局、選んでくれる人がいない場合、どんなワインを頼めばいいのかと言えば、ヨーロッパのワイン、要は辛口ワインがいいだろう。果実味たっぷりのニューワールドのワインも、チリの赤ワインとタレの焼き鳥など、非常に合う組み合わせはあるのだが、食べものの味わいが濃くないと、くっきりはっきりとしたワインの甘味がどうしても料理に勝ってしまう。総じて、辛口の方が食事には無難ということである。

しかし、頼んではみたものの、買ってはみたものの、ちょっと自分にはいまいちの味わい、ということもあるだろう。そのときはぜひこの章で例に挙げた、食べものを合わせて楽しんでみてほしい。それでもきつい場合は、バターやオリーブ油などの油類でカバーしてみよう。

Tips

## 居酒屋での秘策はカットレモン

匂い消しに効果があるとわかったレモンですが、ワインと食べものを寄り添わせるのにも一役買ってくれる縁の下の力持ちです。レモンだけでなく柑橘類は、その日のワインに合わせて、さまざまなものを用意すると相性のバリエーションが広がる気がします。

和食に合わせる白ワインに日本の甲州種のものを選んだとき。甲州種のワインは、ここ数年で柑橘系の香りのニュアンスを持つものが増えてきましたので、柚子が好相性な気もしますし、ライムをぎゅっと搾るメキシコ料理は、少し緑がかってハーブのニュアンスがあるソーヴィニヨン・ブラン、といった感じ。色のイメージも合います。

フランス料理とワインを合わせる場合も、互いの酸の味わいや質が寄り添うようにすると聞いたことがあります。ソースが命とも言われ、ほかのどの国でも例を見ないほど、その種類は豊富ですから、ちょっとしたニュアンスでマリアージュするワインも変わるのでしょう。

この要領で、居酒屋さんの料理もワインに合わせようと思うと、意外に酸をきかせたお料理が少なく思います。そこで登場するのが、カットレモン！　焼酎用などの単体で注文できるアレ、かなり使えるのでございます。

伊藤さんが本編でご紹介していたきゅうりの浅漬けなど、白ワイン単体でも問題ございませんが、レモンを少し搾るとググンと相性アップ。白身魚のお刺身も、お醤油にレモン汁をひと垂らし、がよいかと。このような具合で、いろいろお試しになると楽しいかと思います。

ときにお口の中の不快臭をやわらげてくれ、ときにワインと食べものをより近づけてくれるレモン。ワインライフではなくてはならない存在になりそうです。

居酒屋さんで使える、少しおしゃれな豆知識。

Lesson 2

# なにかと注文の多い女性社員との会食をクリアにする「慕われるワイン」の選び方

拙稿を読んでくださっているみなさまは、30〜40代のまさに働き盛り。ご自分のお仕事に追われるなか、クライアントとの会食、社内調整のための上司とのお付き合い、それに加え、部下や後輩、女性社員に悩みを打ち明けられたり、それはもう目が回るような日夜をお過ごしのことでございましょう。

今回のワイン・コンシェルジュ。職務に精勤する殿方に、たまにはご自分を気持ちよくして差し上げてほしい、そんな思いでお届けいたします。

テーマは「慕われるワイン」。部下や後輩に「先輩、なんか、かっこいいっすね」と羨望のまなざしを注がれ、女性スタッフから「ステキ」と憧れの的となれる（かもしれない）ワイン術。ときには、ちやほやされたってよろしいではございませんか。

ご登場いただくコンシェルジュは、ワイン輸入業を営まれる川上大介氏。大学卒業後、商社でワインの輸入に携わり、独立。3年のフランス滞在を経て、現在の会社を立ち上げられました。

「アドバンテージ、ありすぎだし……」と思われた方、いいえ、川上コンシェルジュは、大学時代は泥まみれになって楕円のボールを追いかけていたラガーマン。ワインとはまったく無縁の世界で生きてこられた方でございます。ですから、ワインに明るくない男性の方々のお気持ちをよくおわかり。さっそく口上に移りましょう。

まずは、女性社員とワインを飲まれる場合から。シチュエーションは、最近巷に増えたバルやビストロよろしく、ワイン居酒屋といたしましょう。

コンシェルジュ「なに、食いたい？」

さっそく、重要なポイントです。女性との場合、まず選ぶのはワインではなく、食事。しかも女性に選ばせることが重要です。なぜなら女性は、「私の希望を聞いてくれた」イコール「大切にされている感」で気持ちよくなる生き物だからです。宴席の雰囲気もよくなり、あなたへの慕い度も格段にアップいたします。

女性社員「あっさりしたものがいいです。うーん、カルパッチョとサラダにします」
コンシェルジュ「じゃあ、すっきりした白にしよう」

この場合、魚や野菜には白ワイン、という定石通りのセレクトでよろしいかと思います。しかし、女性がおひとりではなく3人集まれば、先ほどのオーダーに加え、

女性社員1「鶏肉のゴルゴンゾーラソースか、カキフライのタルタルソースも食べたい」
女性社員2「お肉のグリルも！　羊でもいいし、牛でもいいですね」

などと、たいていの場合は各々にお好きなことを言いまくります。さまざまな種類の料理を頼まれては、ワインと料理を合わせようにも、どこに照準を当てていいのやら。

コンシェルジュ「じゃあ、ワインはスパークリングなんかどうかな？　スペインのカヴァとか、イタリアのプロセッコとか」

なるほど、最初から最後まで泡で通すという方法。辛口のスパークリングワインなら、ビールと同じく、どんな料理にも対応できるというわけです。ビール党の女性はけっこう多いですし、スパークリングという響きはどことなく華やかで、女性の心を摑むのはたしかでございます。

コンシェルジュ「シャンパン（シャンパーニュ）なら、くどきモードにも使えます」

そうです、そうなのでございます。あのキラキラ輝く黄金色、りんごや蜂蜜などを思わせる甘美な香り、立ち上る繊細な泡。シャンパーニュはとてもロマンティックなワイン。ぜひ殿方には覚えておいていただきたいですし、シャンパーニュを選ばれる女性になりたいものです。

と、お話が脱線いたしましたが、ここでセレクトするのは、安くておいしいスパークリングワインで充分。懐の痛みも少なくてすむのでおすすめでございます。

しかし、女性は欲張り。料理同様、泡だけでなく、白も赤も飲みたいなどと贅沢を申します。

コンシェルジュ「すべての料理に合わせようとするのはムリ。女性は、なんとなくコース仕立てで料理を頼んでいきますから、最初に辛口の白、次にちょっと重めの赤。このシンプルな頼み方で大丈夫ですよ」

女性に食べたい料理をたずねた後、白↓赤の順でオーダーすれば、「料理に合ったワインを選べるのね♥」という格好になりますし、「私の話を聞いてくれているのね♥」と思わすこともできます。このことが、なにより大切なのです。

料理との相性をもう少しお話しするのであれば、クリーム系の料理をオーダーした場合は、濃いめ（樽の香りがする）・重ための白ワイン、赤い肉ならば、タンニンが少々ある中〜重ための赤ワイン。まずは、料理とワインの色を合わせてみてくださ い。それと、質感。クリームですと、さらっというよりは、とろっとしておりますね。ですから、ワインもとろっとした白をお選びになるとよろしいわけです。

この2つの方法さえ覚えておけば、女性社員との宴席はだいたいクリア。お次は、男性社員との場合に移りましょう。

コンシェルジュ「シャルドネは『なお美の涙』、カベルネ・ソーヴィニヨンは『なお美の血』。どっち飲む？」

？？？

コンシェルジュ「男性は、学びたい生き物ですよね。だけどプライドもあるから、『わからない』という知識コンプレックスを植え付けられるようなことは嫌いです。だから、複雑すぎないマニュアルが必要です」

なお美さんの血液や涙とは、なにが関係あるのでしょうか。

コンシェルジュ「ワインは、ぶどうの4つの品種を覚えれば、まず誰からもバカにされません。日本の赤ワインの市場は、カベルネ・ソーヴィニヨンとピノ・ノワールで約80％、白は、シャルドネとソーヴィニヨン・ブランで約80％を占めているくらいですから。でも品種の名前や特徴を話したっておもしろくないから、覚えられない。だから『なお美』さん、女優の川島なお美さんがワイン好きだということは、誰でも知っていますよね」

！！！

シャルドネは、世界で最も偉大な白ワイン（モンラッシェ）を造り出し、カベルネ・ソーヴィニヨンは、世界最高峰の赤ワイン（ボルドーの五大シャトー）を生み出す品種。ああ、なんと気高い、なお美さん。

ちなみに、赤白のそれぞれもう一方、ソーヴィニヨン・ブランは淡麗辛口、ピノ・ノワールは酸味が強い品種、くらいの特徴を覚えておけばよろしいのではないでしょうか。

川上コンシェルジュのおっしゃる複雑すぎないマニュアル、3ワード以内であることがポイントだとか。

コンシェルジュ「例えば、『五大シャトー（のラフィット）が、チリで造るカベルネ』とか、『チリのオーパス・ワン』とか。五大シャトーとか、オーパス・ワンなら、ビジネスマンは聞いたことあるでしょ。それがチリで造るワインって、どんなんだよ？って。チリワインが安いこともわかっているわけだから、知的好奇心をくすぐるはず」

『五大シャトー（のラフィット）が、チリで造るカベルネ』は、『ロス・ヴァスコス』という赤ワインで、どっしりしながらもぶどうの味がしっかりしていて、初心者が飲んでも「うまいっすね」「飲みやすいっすね」となる、バランスのいい1本。市場価格はなんと1500円前後、お店でも3500円程度でいただけます。

『チリのオーパス・ワン』は、『アルマヴィーヴァ』。こちらはチリのプレミアム赤ワインと知られ、お味のタイプは『ロス・ヴァスコス』と同様、たっぷりとした果実味と、マッチョなフルボディが魅力でございます。お値段は少々はって1万円強。しかし、少し品質が劣るセカンドワイン（『アルマヴィーヴァ・エプ』）なら、市場価格で4000円前後でございます。

コンシェルジュ「本物をリーズナブルに飲める、というのも男心をくすぐるのでは。男は本物志向が強いですからね」

最後に、川上コンシェルジュがプライベートで女性と飲むワインは。

「フランスのブルゴーニュの赤ワインで、『シャンボール・ミュジニー』。品種はピノ・ノワールです」

そのお心は。

「とても女性的なワインなのですが、ミネラル感のせいでちょっと硬い。水でいうなら、ボルビックよりエビアン。だから、こうやって言うんです『柔らかくて、でも芯が強い感じ。キミのようですね。僕が一番好きなワインです』」

むむむむ。働く女性なら、秒殺。しかし、読者の殿方からはブーイングが聞こえてきそうでございます。

川上大介（かわかみだいすけ）

1968年生まれ。ワインインポーター株式会社ヴァンパッシオン代表取締役。大学では体育会ラグビー部に所属し、超巨大ジョッキをこよなく愛し、キザなワインを毛嫌い。卒業後トーメンフーズ株式会社に入社。フランスでワイン生産者と触れ合い、ワインは人と人のつながりを生む泥臭い飲みものだと開眼。いまは、フランス・ブルゴーニュとシャンパーニュのワインを中心に輸入。最近では、焼酎や日本酒の生産者とも積極的にコンタクトを取り、海外に日本の酒文化を広める。

第5章

# スマートな「ラベル買い」のために貴方が知るべきこと。

ワインを買いに行く

あなたのワイン経験値もずいぶんとレベルが上がっているはず。

この章では、ワインを買いに出かけてみよう。ワインショップや百貨店のワイン売場といった、選んでくれる人がいる店で買う場合と、第1章でも話したスーパーやコンビニなど、選んでくれる人がいない店で買う場合の話をもう少し詳しくしたい。

まず、選んでくれる人がいる店でワインを買う場合、店員への相談の仕方は基本、飲食店でのワインの頼み方と同じでいいと思う。

しかし、ひとつ付け加えられることは、ワインを購入する目的をはっきりさせることだろう。自分で飲むためのものなら問題はないが、贈り物となるとワケが違う。それについては、この章の終わりのコラムを参考にしてほしい。ここでは、自宅用のワインを購入する場合とする。

これまで飲食店で飲んだワイン、もちろん購入したワインでもかまわないが、自分の基準はできただろうか。できているなら、その品種や生産地のワインをチョイスすることには変わりはない。

もちろん、店員にそのワインを伝えて選んでもらってもかまわないが、せっかくならもう少しレベルアップを狙ってみよう。ラベルを見て自分で探すのである。

## ヨーロッパとニューワールド、それぞれのラベルの読み方

ワインのラベルにはなにが書いてあるかさっぱりわからない、という声はよく聞く。これが読めるようになると、ラベルから多くの情報を得られるのは確かだが、本書の読者の方々がいまの段階で押さえておくべきポイントは、実はそんなにない。ひとつだけ、と言ってもいいくらい。

ヨーロッパのワインと、ニューワールドのワイン、表ラベルに書かれていることがそれぞれで異なる。覚えておきたいのは、次のことだ。

ヨーロッパ／ぶどうが採れた土地の名前
ニューワールド／主に使われている原料ぶどうの品種

## ヨーロッパのラベル表示（例）

生産年
ぶどうがとれた土地名
メーカー名

**上級になると、土地の表示が狭く限定されていく**

例・仏ブルゴーニュ

地方名：*Bourgogne* ブルゴーニュ地方全域でとれたぶどうOK
→より高級→
村名：*Vosne Romanee* ブルゴーニュのヴォーヌ・ロマネ村のぶどうを使用
→より高級→
畑名（1級）：*Les Suchots* 1級畑（レ・スショ）のぶどうのみ使用
→より高級→
畑名（特級）：*Romanee Conti* 特級畑（ロマネ・コンティ）のぶどうのみ使用

ワインによってラベルに書かれている内容は異なるが、ほとんどの場合はどこかに記されている。もう少し詳しく話そう。

●ヨーロッパ

ヨーロッパのワインのラベルには、一部の例外はあるが、基本的には品種が書かれていない。それがワインをわかりにくくしているひとつかもしれないが、土地の名前はワインのランクを知る大きなヒントになる。

Ｐ１６４の図の下段を見てほしい。

土地が狭く限定されていくほど、ワイ

## ニューワールドのラベル表示（例）

生産年
原料ぶどう品種名
メーカー名

上級になると、表示が追加される

| Reserve | Estate | Single Vineyard<br>畑名 |
| --- | --- | --- |

ンのランクが上がっていくことを表した図だ。第3章P108ではボルドーを例に出したが、ここではブルゴーニュのワインを説明している。一番下のレベルのワインには地方名、ワンランク上がると村名、その上が畑名（1級、特級）となる。村名と畑名の違いがわからないと言われそうだが、畑名には「Cru」の文字が書かれているので、それで判断する。

いつもより少しいいワインを買うときの指標にしてほしい。

価格は言うまでもなく、ランクが上がるごとに高くなっていく。

●ニューワールド

ニューワールドのワインのラベルはわかりやすい。表記は英語だし、ラベルにはほとんどの場合、品種も書かれているので、比較的選びやすいのではないだろうか。ラベルに書かれた品種を規定以上の割合を使って造られたワインを「ヴァラエタル・ワイン（Varietal Wine)」と呼ぶ。

それに対し、Ｐ１６５の表にあるように「リザーブ」「エステート」「シングル・ヴィンヤード」などと書かれたものが、より上級のワイン。価格もヴァラエタル・ワインより高価。

また土地の名前が書かれていることもあり、その場合はその土地で採れたぶどうを規定の分量だけ使っている証だ。分量の規定は、州、郡、畑などで異なる。

## 裏ラベルから味わいのヒントを読みとるには

以前はボトル裏のラベルを見ても、日本語では味わいに関することはさっぱり書かれていない、という場合が多かったのだが、最近では各輸入商社（インポーター）が工夫を凝らすようになり、表ラベルのフランス語の訳や、ヨーロッパのワインで言えば、ラベルに表示のないぶどう品種などが書かれていることもある。

生産者名などの情報だけでなく、「相性のよい料理」や「飲用温度」など、ワイン選びのヒントになることも表記されるようになってきた。

さらに、裏には英語（フランスワインであっても）やフランス語などのラベルが貼ってあり、そこには生産者情報やぶどうの種類だけでなく、畑の立地、ワインの味わいの説明など、興味深い情報が書かれていることもある。日本語ではないので読解が難しいが、なんとなく目を通してみるとヒントになるかもしれない。

しかし、ワインの味わいは絶対的なものではなく、感じ方は人それぞれ。こと裏ラベルの日本語で書かれた内容に関しては、実際に味わって自分が同じようなことを感じられたのか、そうではなかったのか、その感覚を大切にしてほしい。

## ミディアムボディ、フルボディとは結局どういう意味なのか？

ボディのポイントとなるのは、「うま味」。ここに来て初めて登場する言葉だが、第2章で説明した高級ワインにはたっぷりと含まれているものだ。さらに、口に含んですぐに弾ける果実味に加えて、酸味、渋味なども足された味わいの総量が、ボディと考えている。

フルボディとは端的に言えば、飲み応えが充分ということ。「グラマー」、「マッチョ」などのイメージで渋味ともども果実味が爆発的に弾けるワインが思い浮かぶかもしれないが、一見頼りないようで、いつまでも余韻が続くようなタイプのワインも該当する。42㎞を2時間ちょっとで走ってしまう凄まじいエネルギーを持つ華奢な体型のマラソンランナーも、フルボディ。私の持論となるが、このエネルギーという概念が、ボディというワイン用語を捉えるのにふさわしいと思っている。

と言えば、ミディアムボディも感覚的に捉えていただけるだろうか。

## 好みのワインから横展開し、飲む銘柄の幅を広げていく方法

ここまでひとつの味わいを追求することを推奨してきた。その味わいにも慣れてきたところで、少し冒険をしてみよう。

そのときは、好みの味わいと同じ方向性のワインで、幅を広げていくとよい。方法はいくつかある。

### ●同じ品種を生産地と価格別で味わう方法

店の話で恐縮だが、「たるたる」では、ひとつの品種、例えばあなたがメルローを飲み続けているとしたら、ヨーロッパのメルロー（辛口タイプ）か、ニューワールドのメルロー（果実味タイプ）を用意し、それぞれのタイプに対し、ランクの違うものを3種類ずつ常備している。ランクの違いとは、簡単にいえば価格の差。名付けて「松・竹・梅」だ。梅ランクは3000〜4000円、竹ランクは5000〜6000円、松ランク7000〜8000円

で、もちろんその間の、例えば梅オーバー竹未満の価格もあれば、最高価格は1万2000円ほどの価格設定。もちろん価格だけに差があるのではなく、ワインの味わい自体のランクの差も、例えば梅の後に竹を飲めば納得する、梅と竹を並べて飲めば竹がよりおいしいと、はっきりと浮かび上がるラインナップになっている。

要は、メルローなら、6つのタイプの味わいを飲み比べられるシステマティックな仕掛けというわけ。ただし、ボトルの設定なので、実際に体験したい場合は、大人数で訪れていただく必要があるのだが……。

それぞれの品種が世界のどこで造られているかは、P172の地図に落とした。

## ●生産地の特徴に触れる方法

少し上級者向きだが、同じ品種でいろいろな生産地のワインを味わってみる話をもう少し（かなり？）掘り下げてみる。

はじめは北ヨーロッパ、地中海沿岸、ニューワールドと大まかな3つのエリアを旅してみると、果実味や酸味の違いを感じ取ることができ、自分の好みの方角が見えてくるだろう。

方角が見えたらさらに、同じ生産国のなかで南北か東西か、畑が平地にあるか斜面にあるか、標高の違いや陽当たりなどの立地の違い、などを店員に尋ねながらワインを選んでみる。するとだんだんに、果実味、辛さ、酸味、渋味など、味わいの構成要素を感じるモノサシの目盛りが細かくなってきて、やがてはそのなかでも好き嫌いができてくるようだ。

ここで話しておかないといけないのが、「テロワール」のことだ。ワインや生産者の紹介文を読むと、そこに、とくにフランス産ワインのものにこの言葉を見かけることが多い。みなさんも耳にしたことがあるのではないだろうか？

細かい言葉の定義はともかく、ぶどうの樹が植えられている畑の土壌や気候、そのほかが、ワインにしたときにその個性を生むという説として使われている。狭い範囲内でのワインに好みの差が出てくるのはもちろんそれぞれに個性があるからで、それをテロワールが反映されているからだとする人もいる。

確かに、同じ生産者の同じ品種で、異なる畑のワインを並べて飲むと、細かな味わいの違いを感じる（ような気がする）のは私だけではないと思う。

## 白ワインのぶどうの主な産地は……？
### 生産地と代表的品種

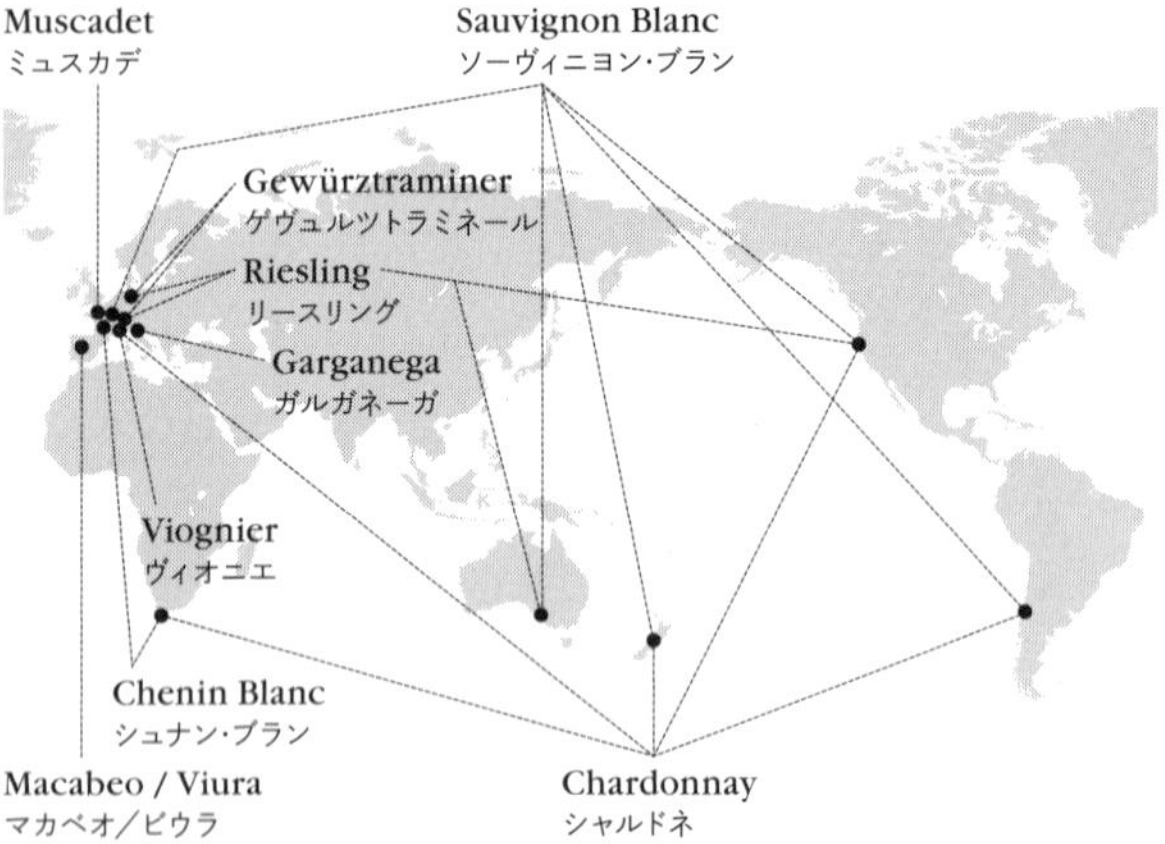


## 赤ワインのぶどうの主な産地は……？
### 生産地と代表的品種

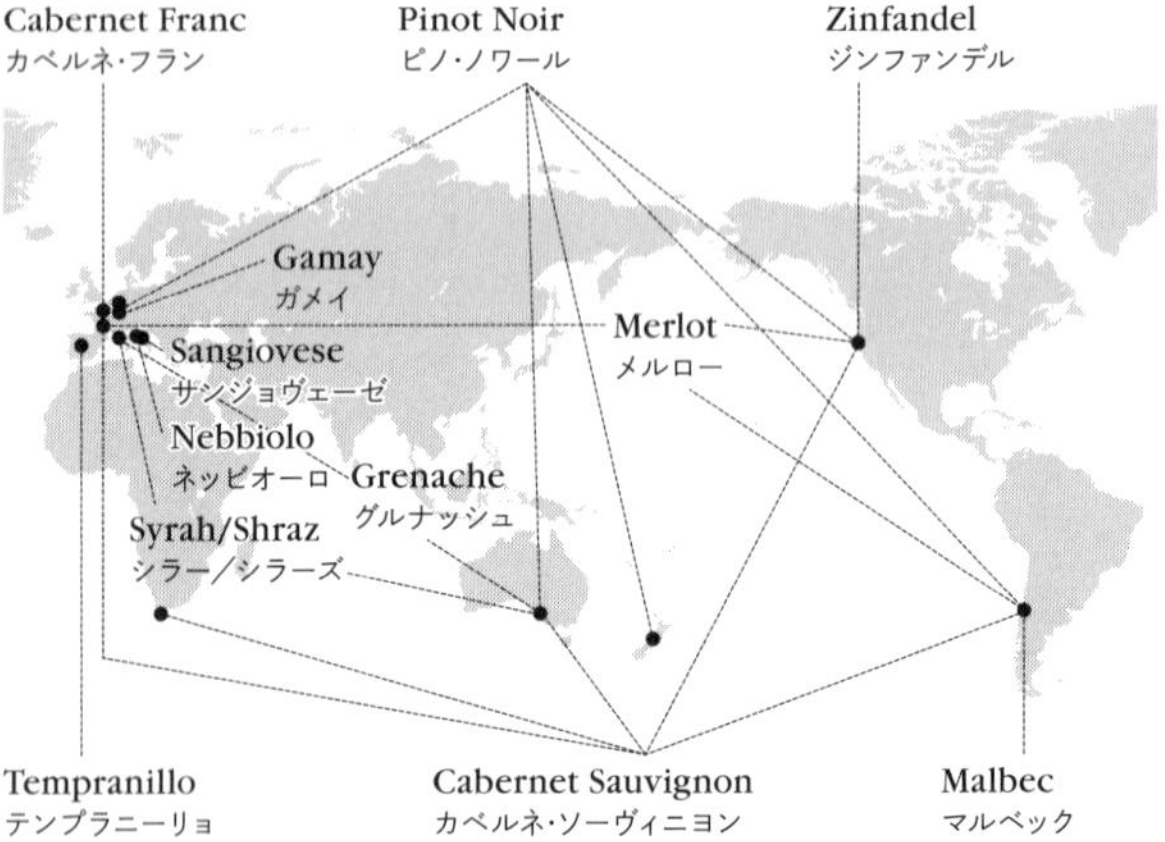

陽当たりや気温でぶどうの熟し度が変わるため、味わいに差が生まれるのはもっともなのだが、土壌の化学的成分と、その土壌から育ったぶどうから造られた化学的成分、ひいてはワインの味わいの間に相関関係を見いだすことはできないとも言われている。

土壌が砂状なのか、石ころだらけなのか、粘土質なのか、水はけがよいのか、などといった土壌の物理的性質が植物に与える影響がありそうだという話もあれば、生産者や地域ごとの慣習的な醸造法が個性となって現れているだけという話もある。

テロワールという言葉を理路整然と語ることができる人間がいないことだけは確かなようで、科学の目で解明されることを期待したいものであるが、この細かな違いがマニアックにワインにのめり込ませる魅力と挙げる人もいる。あなたはどのようなタイプか、生産地の特徴を知るためにも、少し立地などの条件に踏み込んでみるのも悪くはない。

## ●味わいの構成要素の違いに触れる方法

次は、ひとつの生産地で品種を変えてみるとどうだろう。

あなたが普段メルローを好んで飲んでいるとする。例えば、「今晩は焼肉！　普段はメルローを飲んでいるけれど、今日は少し趣向を変えてカルビに合わせたいのですが……」と店員に相談してみると、カベルネ・ソーヴィニヨンを薦められる可能性は高い。第4章でも話した通り、肉を食べている間は非常に心地よい組み合わせだ。しかし、ワイン単体で味わうと、渋味をきつく感じることもあるだろう。

このような体感から、カベルネ・ソーヴィニヨンは料理と一緒なら渋味も悪くないが、単体ならメルローがいいな、となるかもしれない。これが状況による品種の、さらに言えば構成要素の飲み分けということ。この場合、渋味にフォーカスをあてたわけだ。

また別の機会、「今日は少し疲れているから、ゆったりとワインが飲みたい」と相談すれば、軽めの味わいのピノ・ノワールを薦めてくるかもしれない。そこでいつも飲んでいるメルローと果実味、辛さ、酸味、渋味（香りもあるかもしれない）のどこかに、なにか違うところを感じ取る。そこで「疲れが癒された」と感じたら、疲れたときはピノ・ノワールとなるかもしれない。元気なときに同じものを飲むと、違う印象を感じることもあるだろう。

自分の好みの味わいと少し違うものを飲んでみたいとき、このようにして選んでくれる人に委ねる方法もある。そしてその際にできれば、「いつもメルローを飲んでいるので、それより果実味があるもの」「それより酸味があるもの」と、味わいの構成要素（果実味、辛さ、酸味、渋味）のいずれかひとつを変えてたずねてみることをおすすめする。

なぜなら、変えた味わいが自分にフィットしなかったときに、好みの味わいに戻りやすいから。いきなり遠くではなく、まずは近いところから旅をはじめ、困ったときはすぐに帰れるよう、少しずつ自分の味わいの世界を広げよう。そして、やがては遠くへ出かけてみてほしい。

## ●個性的な味わいを体感してみる方法

同じ品種の飲み比べはけっこうした、という方におすすめなのがこの方法。味わいの構成要素の違いに触れる方法を、異なる品種でさらに細かく体感するやり方だ。

具体的には、慣れ親しんでいる品種に対し、「果実味がたっぷりなのは好きなのだけど、もう少し辛口がいい」など、ごくごく細かいニュアンスで自分の好みに近づきたい場合。

キーワードは「素直」と「個性的」。

どういうことかと言うと、ワインには素直な味わいのもの、それに対して個性的な味わいのものがある。個性的な味わいは、元となるぶどうの品種によるところが大きく、さらに言えば、土地ごとの慣習的な醸造方法が関わるところもある。

素直な味わいのワインといえば、白ならシャルドネ、ソーヴィニヨン・ブラン、リースリング、赤ならカベルネ、メルロー、ピノ・ノワールが挙げられるだろうか。これらは、白、赤を代表する世界的な品種で、生産者の造り方にもよるが、比較的味わいをストレートに感じやすい、無駄のないワインに仕上がる。

これらの品種を基本に、味わいのベクトルは同じだが、ニュアンスの異なる品種に展開していく。すると自分のなかでしっくりきていなかった小さな違いに気づけるかもしれない。白、赤ワインそれぞれに基本の品種からの展開を図（Ｐ１７７〜１７８参照）にしてみた。白なら「辛口タイプだが香りは甘いような感じがある」「かなり辛口」など、赤なら「果実味タイプだがスパイシー」「果実味たっぷりで甘味もかなり強い」など、これまで話してきた基本の味わいは感じるけれど、それとは違うものに出会えるだろう。選ぶものによっては、基本のニュアンスをかき消すほど違うものに感じるかもしれない。

## 白ワインの味の違い

白の品種間相関

酸味・強

### 個性的

香り風味がさまざまな個性をもつ

北ヨーロッパ

Muscadet ミュスカデ

Chenin Blanc シュナン・ブラン

Pinot Blanc ピノ・ブラン

Pinot Gris ピノ・グリ

Gewürztraminer ゲヴュルツトラミネール

Sylvaner シルバーネル

Muscat ミュスカ

地中海沿岸

Verdejo ベルデホ

Macabeo マカベオ

Clairette クレーレット

Viognier ヴィオニエ

Garganega ガルガネーガ

Trebbiano トレッビアーノ

新世界

Chenin Blanc シュナン・ブラン

Pinot Gris ピノ・グリ

Viognier ヴィオニエ

Gewurztraminer ゲルヴュツトラミネール

### 基本的

Riesling リースリング

Sauvignon Blanc ソーヴィニヨン・ブラン

Chardonnay シャルドネ

酸味・弱

## 赤ワインの味の違い
赤の品種間相関

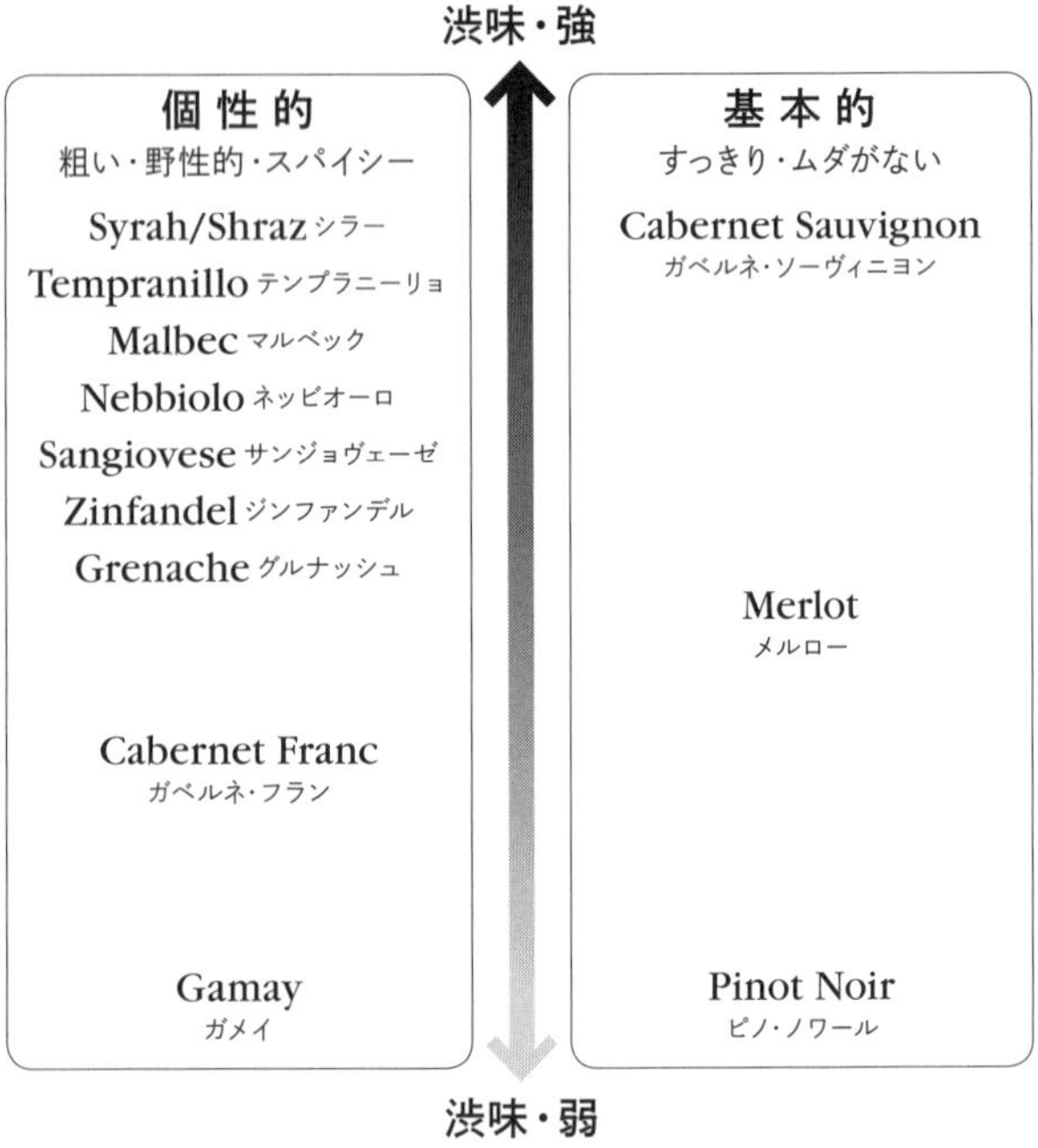
渋味・強
個性的
粗い・野性的・スパイシー
Syrah/Shraz シラー
Tempranillo テンプラニーリョ
Malbec マルベック
Nebbiolo ネッビオーロ
Sangiovese サンジョヴェーゼ
Zinfandel ジンファンデル
Grenache グルナッシュ
Cabernet Franc
ガベルネ・フラン
Gamay
ガメイ
基本的
すっきり・ムダがない
Cabernet Sauvignon
ガベルネ・ソーヴィニヨン
Merlot
メルロー
Pinot Noir
ピノ・ノワール
渋味・弱

## ボルドー産ワインが普段飲みにおすすめである理由

本書も、そろそろ終わりだ。あなたが少しでも自分の好みの味わいのワインに近づけていたら、そんなに嬉しいことはない。

第1章で話した、スーパーやコンビニでおすすめのワイン、ほぼ買えないワイン、なぜおすすめなのか、なぜ買えないのか、本書はそのワケをひもとく形で話を進めてきた。

最後は、最大の難関とも言える、ワインを選んでくれる人がいない店、すなわちスーパーやコンビニで、好きな味わいのワインを入手するための話を、第1章で出したワインをもとにしていこうと思う。すでに読者のみなさんにおわかりいただいている内容を改めて話すこともあるので、本書のおさらいと思って読んでほしい。

●若いヴィンテージのワインがおすすめの理由

白ワインの味わいの醍醐味と言えば酸味。しかしスーパーやコンビニでは、酸味のしっかりとしたものは買えないと話した。ならば、できるだけ酸味を感じるワインをチョイスするには、どうしたらいいのか。

当たり前の話だが、果物や野菜は採れたてが一番新鮮だ。ワインもぶどうから造られる農産物なので、新しいほどに採れたての果実のニュアンスが感じられる。若いヴィンテージなら、フレッシュな香り、爽快感や躍動感、若いピチピチとした酸味が味わえるというワケ。高級ワインの酸味とはまた異なるが、安い白ワインで酸味を求めるなら、できるだけ最近のヴィンテージがおすすめというのは、このような理由からだ。

## ●フランス・ボルドー産をすすめる理由

スーパーやコンビニに売られているボルドーワインは、ラベルに地方名だけが書かれているものがほとんどだ。第3章で話した通り、地方名のみのワインは、その地方のさまざまな場所で採れたぶどうをブレンドして造られたもの。ボルドー地方の高名なワインを造る品種は、カベルネ・ソーヴィニヨンが主体だが、ボルドーで栽培される品種としてはメルローが多い。そのため安価なボルドーは、ブレンドの比率が書かれていなくても、必然的にメルロー比率が高くなる。すなわち、スーパーやコンビニで売られているボルドーワインは、その多くがメルロー主体と考えてよい。

メルローといえば、本書で推奨してきた通り、赤ワインの味わいの基準になる品種。果実味、辛さ、酸味、渋味がバランスよく、素直な味わいのワインが多い。

よって、赤ワインの標準的な味わいを感じるためにも、また果実味や酸味により過ぎたワインで「う〜む」とならないためにも、スーパーやコンビニでチョイスする赤ワインとしては無難、と言ったところか。

また味わいの素直さと中庸さは、多くの料理と邪魔をせずに寄り添うという利点もある。

## 辛口の白ワイン、酸味のある白ワインはなぜスーパーで買えないのか

### ●辛口の白ワインがほぼ買えない理由

辛口の白ワインとは、ほぼヨーロッパのものを指す。欧州産、ことフランス北部のブルゴーニュやシャンパーニュ、アルザス、ロワールの白ワインは、ほとんどのものが小売価格

1500円以上。スーパーやコンビニでの価格帯に合わないのか、なかなか取扱いがない。ロワールのソーヴィニヨン・ブランやミュスカデは1000円台前半で手に入るものも割にあるが、スーパーではほとんど見かけない。

よく使われる言葉「辛口の白ワイン」は、極端な言い方にはなるが、ほぼフランス北部のワインと思ってもいい。もちろんイタリア（やはり北部）にもあるし、オーストリアも候補にあがり、ワイン単体で言えば同じニュアンスを感じるものもあるだろう。しかし大きなくくりでは、フランスの北部のワインがより辛口と言っていい。

あなたが辛口の白ワインを好むなら、フランス北部から脱出できないのかもしれない。

## ●酸味のしっかりとした白ワインがほぼ買えない理由

酸味も辛口と同じことが言える。酸味がしっかりとしたワインは北ヨーロッパ産のものが多いし、酸の強いぶどうは長期熟成に向き、長い時間とともに品質が向上する傾向にある。北ヨーロッパ産のものに加え、高品質のものとなれば、スーパーやコンビニでは価格面がクリアできないのだろう。

### ●渋味のしっかりした赤ワインが買えない理由

第2章の渋味の項で話した通り、赤ワインの渋味は価格にほぼ比例して強くなる。スーパーやコンビニの赤ワインが総じて飲みやすい、言い換えれば、渋味も酸味も穏やかで、果実味を感じやすい味わいなのは、その価格帯のものが表す味わいなのだろう。ならば、なかでもバランスのいい味わいのものを飲むのが得策、ということで私は、ボルドー（メルロー種）をおすすめしている。

## スーパー、コンビニのワインは少し冷やして飲む

私は、スーパーやコンビニで買ったワインは、冷蔵庫で冷やしてから飲むときがある。それは赤ワインでも、だ。

ここでの話をまとめると、スーパー、コンビニでは、辛口、酸味、渋味がくっきりしたものは買えない、ということになる。しかしみなさんも既に体験済みだと思うが、果実味はか

なりはっきりしている。この場合、甘味を強く感じるワインとほぼ同義だろう。

人間にとって甘いものは少量であればごちそうだが、延々と口に入れ続けるのは厳しい。それはワインも同じで、長く飲み続けるには、果実味が強いタイプより、酸味を感じるワインの方が向いている。

スーパーやコンビニで多く見られる果実味が強いワインは、常温よりも少し冷やして飲むと、果実味（甘味）が抑えられて酸味が引き立ち、飲みやすくなる。私が赤ワインでも冷やすのは、それが理由だ。


ここで、ワインの味わいに関する具体的な話はひとまず終わる。贈り物のワインについては、この後のコラムを読んでもらうとお役に立てるはずだ。

## Lesson 3
# お祝いやちょっとした御礼など、相手の好みがわからないときの「贈るワイン」の選び方

私事で恐縮ですが、先日ある料理家の方と初めてお仕事をご一緒させていただくことになりました。ワインがたいそうお好きだとうかがったため、撮影の手土産にワインを持参することにいたしました。

しかし、お相手の好みはまったくわからず。

困ったものです。

考えあぐねた末に、私が最近いただいたなかで、一番おいしいと感じたものにいたしました。

しかしこのチョイス、非常にギャンブルでもございます。なぜなら、味覚の好みは千差万別。贈り物においては、自分の感覚が頼りにならないことは言うまでもご

ざいません。

こんな時こそ、ワイン・コンシェルジュのお力をお借りしましょう。今回ご登場いただくのは西村弥子さん。美人ソムリエールでございます。

「この場合、とても大切な情報がわかっています。それは、お相手がワイン好き、しかもたいそう好きということです。しかし、贈答用のワインを探しに来られる方は、①ご自身がワインのことはわからない。②贈るお相手がワインを好きかわからない、という方がほとんどです」

これが、多くの方にとってワインの贈り物が難しくなってしまう理由でございましょう。

しかし西村コンシェルジュの手練手管にかかっては、ワインがわからなくても、好みがわからなくても問題はないようでございます。

ではさっそく、西村コンシェルジュの口上をおうかがいしてみましょう。

コンシェルジュ「この度、ワインを贈られる方は、普段どんなお酒をどのぐらい飲まれていますか。ビール党でしょうか、それとも焼酎や日本酒、ウイスキーを好まれますか」

あらら、意外なご質問。

お客「あぁ、そうですね。最初から最後までビールで通されていますね」

コンシェルジュ「では、スパークリングワインやシャンパーニュをいくつかお見立ていたします」

共通項は、泡というわけですね。ならば、焼酎や日本酒、ウイスキー派の方には、どのようなセレクトをされるのでしょうか。

コンシェルジュ「辛口の白ワインです。焼酎、日本酒、ウイスキーをお好みということは、飲み方にもよりますが、ほぼ酒呑みと思っていいでしょう。そのような方々、とくに男性の場合は、甘口やフルーティーなもののみをお好みになることはまずありません。ですから白をおすすめします」

同じ辛口でも、焼酎ならキレ味やすっきり感、日本酒なら芳醇さやこってり感、ボリューム、ウイスキーならスモーキーなテイスト（樽香）。白ワインにも生産国や造り方によって、これらの要素を持ち合わせたものがございます。お相手のお好みのお酒によりセレクトされてみるとよろしいかと思います。

赤ワインは、重め・やわらかめ、甘口、タンニン（渋味）が強いなど、味を構成する要素が多いために、好みも細分化される傾向にあり、贈り物としては少し難易度が上がるように思われます。しかし、「健康にいいから」との理由で、年配のお酒好きの方への贈り物としては人気のようですが……。

コンシェルジュ「お肉を召し上がるなら、脂身がお好きですか。それとも赤身ですか。お肉をあまり召し上がらない方なら、『ブリやマグロの中トロ』あるいは『マグロの赤身』、どちらがお好みかおわかりになりますか」

なるほど。お食事の嗜好の傾向から探るわけですね。脂身がお好きな方には、しっかりとしてボリュームがあり、タンニンが重厚でもよろしいでしょう。引き締まった赤身なら、柔らかく、軽やかな赤ワイン、タンニンは少なめなもの。ワインとその食材の共通項を考えるとわかりやすいかと思います。脂身の多いお肉や魚には、強いワインでないと負けてしまいますし、その逆もしかりでございます。

コンシェルジュ「お相手に関わることならなんでもかまいません。的確でなくても、言葉が多ければ多いほどヒントになります。おおよその年齢、ご職業、ご趣味、最近旅行された場所、ファッションなどがわかると格段にワインは選びやすくなるものです。お名前でもかまいませんよ。フランス産のものでも『Sakura』なんてものや、将軍を意味する『Talbot』などさまざまなものがあります。ラベルも絵柄のものが増えていますから、ジャケ買いもいいかと思います。ラベルはワインの顔です。生産者の思いが詰まっていますから、そう外れることはありません」

上司の昇進、クライアントの周年祝い、先輩の結婚祝い、お世話になった方の結婚記念日、勤続祝い、還暦など、ビジネスシーンではワインを贈る機会が多くおありだと思います。

コンシェルジュのお客さまで、このような方がいらしたそうです。

お客「会社の社長が新居を構えました。お酒好きの社長にお祝いを贈りたいのですが、同僚がすでに『山崎12年』をあげたようなんです。それと差をつけたくて、ワインがいいかと」

コンシェルジュ「ここでポイントとなるのは、ふたつ。お祝いであること。もうひとつは、ライバルに勝ちたい、要するにご自分のアピールになるものでなければいけません」

そこでコンシェルジュは、お祝いの定番シャンパーニュから2本をセレクトされました。1本は、秀逸な収穫年のぶどうのみを使用したヴィンテージもので、シャンパーニュの帝王との異名を持つ、シャンパーニュラバーから圧倒的な支持を得るもの。もう1本は、超有名銘柄のロゼシャンパーニュ。価格は2本とも数万円はいたします。

お客さまが最終的にお選びになられたのは、どちらだったのでしょうか。

コンシェルジュ「後者、ドンペリのロゼでした。ビジネスシーンで、お相手がワインを日常的に飲まれない場合、正解でしょう。ドンペリが高価なワインだということは、多くのビジネスマンがご存知のことだと思います。そこに華やかなピンク色というオプションと、さらなる高級感をつけ、特別感を演出したわけです。どんなプレミアワインであっても、お相手がご存知でなければ、ご自分をアピールするにはまったく効果はありませんからね」

ちなみに、お誕生日や銀婚式などに、お相手の生まれ年に造られたヴィンテージワインをお考えになる方も少なくないようです。しかし、例えばお相手が還暦を迎えられた場合、２０１５年でいうなら１９５５年のワインを購入することになります。仮に、そのようなワインが存在したとしても、目が飛び出るほどのお値段だったり、おいしいかどうかはまったく保証がないわけです。それでも記念として数字を残したい、という場合、コンシェルジュがこんなアイディアを教えてくださいました。

コンシェルジュ「木には樹齢があります。ワイン用のぶどうの木にももちろんあり、樹齢の高い古木からできたワインはヴィエイユ・ヴィーニュといって、同じ年にできたワインでも区別され、上質なものとされています。しかし、ヴィンテージワインよりはずっとリーズナブルです」

還暦を迎えられた方へ「樹齢60年の木になるぶどうからできたワインです」などと書かれたメッセージカードを添えると、格段にステキな贈り物になるではございませんか。

あなたが贈り物を選ばれる際のお役に立てそうでしょうか。

ちなみに、冒頭の料理家の方へのワイン。お相手の方の反応はいかがだったかを申し上げますと、どツボでした。ようするに、お相手の方のお好みの生産国、生産エリア、ぶどう品種、そしてお味、すべて気に入っていただけたのです。

証拠に、その後その方との親交はぐっと深まり、公私ともにご一緒する機会が増えたのですから。

ワインは、コミュニケーションツールでございます。音楽や書物などと同様、好きなアーティストや作家が同じだったことから意気投合し、かけがえのないお仲間になっていく。それと同じことが起こります。たとえ、お相手もあなたもワイン好きでなかったとしても、「あのワイン、とてもおいしかったです」と次の会話が生まれます。もしどなたかにご紹介いただいた小説に感銘したら、「あの本、とてもおもしろかったです」とお伝えしたくなるように。

西村弥子（にしむらみつこ）

フリーのソムリエール。会社員生活10年の後、ワイン好きが高じて転職。ワイン専門店、飲食店勤務の後、都内有名百貨店のワイン売り場などに勤務。ボージョレ・ヌーヴォーの解禁日に1000本を売る、カリスマ販売員さんでございます。

# おわりに
## 自分のワインの世界の「原点」を決める

本書を通して、みなさんが好みのワインの味わいに近づくために、私がいまできる限りの話を延々としてきた。ひと言で示すなら、「あなたのワインの基準・基点を探す方法」の私なりの説明である。

自分が好きだという「基点」を見つけて慣れ親しみ、たまに周囲にちょっとだけ旅に出かけて別のものに触れ、進むべき方向の「基準」をつくっていく。それがやがて線となり、あなたにとってのワインの世界が広がりはじめる。

柴田さんが「はじめに」で話していた「一線」を超えられるのは、この基準が見えたときなのではないだろうか。一線を超え、また別の線があなた自身のなかで生まれると「面」になってさらなる広がりを見せる。

本書では、あまたあるワインのなかで、フランス・ブルゴーニュ地方の都市・マコネーの白ワイン「マコン」（シャルドネ）、フランス・ボルドー地方の赤ワイン（メルロー主体）を基準にした。それは、果実味、辛さ、酸味、渋味においてバランスがよいニュートラルな味わいということが理由である。

自身の基準ができたら、それがあなたのワインの世界の「原点」になる。

ワインは、焼酎や日本酒、ウイスキーに比べると価格が高い。近年は安価なワインが本当に多く売られるようになったが、本書で贈答用の価格の相場とした5000円のものだってざらだ。たかが750ml、焼酎や日本酒で言えば四合瓶に5000円払うのは、正直高すぎると思うかもしれない。

しかし、自分の「原点」ができれば、かりに清水の舞台から飛び降りる気持ちだったとしても、いつもよりおいしいものを飲みたいという気持ちで5000円を払ってみようと思わないだろうか。

そこで自分で選んだ5000円のワインがおいしかったら――。「超ラッキー！」とまではいかなくとも、「おいしかったから、いいか！」と思えるのではないだろうか。だからワインは、自分の好みの味わいを知ることがとても大切で、そのために自分のワインの「原点」をもつことが大切なのだ。

5000円には変わりはないが、知ることで結局損をしない、それどころか、「コスパが高い！」とお得な思いもできる。

ワインはひとつの酒なのに、味わいの種類が多く、それぞれに個性がある。世界でワインを生産している国は60カ国以上。その国に生産者と呼ばれる人がまた大勢いて、さらにワインを造るぶどうの品種は3000以上もあるのだから、その掛け合わせは無限大だ。そして毎年、新しいヴィンテージのワインが世に送り出される。毎日飲んだとしても、一生かかってもすべてのワインを飲むことなどできない。それだけの数のなかから、自分の好みと寸分たがわないものを見つけるのは、砂漠のなかから1本の針を探すようなもの。そうして砂漠のなかを放浪しているうちに、針は見つからないが、違う宝を見つけられることもあるかもしれない。だからワインはおもしろい。

しかし、砂漠のなかをただ闇雲に歩いて針を見つけようというのは、無謀そのもの。だから旅人は羅針盤を使う。本書は、針探しのための羅針盤のようなもの。たくさんのワインに迷ってしまったら、この本を使ってあなたの「原点」に立ち戻ってみてほしい。

また、あなたとテーブルを囲む人、杯を交わす人のワインを選ぶ際にも思い出してほしい。あなたの「原点」と、その人の「原点」はきっと違う。あなたがその人のワインの「原点」探しの一助となれたら、あなたの印象も変わる（もちろん、よい方に）だろう。そのギャップこそが、「口説き」の原点。そこから新たな人間関係がはじまるかもしれない。

白ワインの原点、赤ワインの原点、そして旅をはじめて1年後のお気に入り、そしてまたそこから広がる味わいへ。ワインの旅はこうして続いていく。

## 覚えておきたい品種

ワインは農産物。味わいのベースは、やはり原料のぶどうでだいたいが決まる。本編で触れた赤ワインのいくつかの品種を含め、代表的な品種の特徴を紹介。品種ごとの味わいの違いがなんとなくわかるようになると、好みの味わいもだんだんと表現しやすくなるだろう。

### 白ワイン

**●シャルドネ**

白ワインといえば「シャルドネ！」という人も多い、白ワインのアイドル的品種。世界中で栽培される品種で、このぶどうがおもしろいのは、産地や醸造法によって仕上がるワインの味わいが大きく変わること。際立った特徴やクセがなく、変幻自在に姿を変えるため、「個性がないのが個性」などと言われる。フランス・ブルゴーニュ地方（北ヨーロッパ）は単一品種のぶどうでワインが造られることがほとんどで、白はこのシャルドネ。ブルゴーニュ産は一般的には酸味を感じる辛口タイプだが、温暖な気候のチリやオーストラリアなどニューワールドのシャルドネは、パイナップルなどトロピカルフルーツのニュアンスをもつ果実味たっぷりのワイン。バニラやナッツなどオーク樽由来の香りもある。

主な産地／フランス・ブルゴーニュ地方、アメリカ・カリフォルニア州、チリ、オーストラリアなど

**●ソーヴィニヨン・ブラン**

この品種の魅力は、爽やかな香り。抜栓すると漂ってくるのは、緑のハーブ、グレープフルーツ、レモンなどの清々しい香り。程よい酸味と、さっぱりとした辛口の味

わいも手伝い、「夏になると飲みたくなる！」という人が多い。シャルドネ同様、冷涼な地域ではすっきりとした辛口のワインに仕上がり、特徴的な青っぽい香りが際立つ。このタイプの産地は、フランスのロワール地方、ボルドー地方。一方、ニューワールドならニュージーランドでよく栽培されていて、完熟したぶどうから造られたワインはグレープフルーツやパッションフルーツ、マンゴーなど果実味が豊かなタイプに。ボルドーではセミヨン（↓Ｐ２０２）の補助品種として、極甘口のデザートワインにもなる。

主な産地／フランス・ロワール地方、フランス・ボルドー地方、ニュージーランド、イタリア、チリなど

**●リースリング**

この品種だけの特集がグルメ雑誌で組まれるなど、最近、話題の品種。ドイツ品種で甘口のイメージを持たれることもあるが、すっきりとした酸味と、キリリとしたミネラルを感じる辛口の味わいも。素材本来の味わいを生かした和食との相性のよさも、この品種のニーズを後押ししている。リースリングが主要品種のドイツでは「高貴な白い花」と言われるほど、花を思わせる華やかな香りが印象的。ほかにもライムなどのシトラス系、白桃、アプリコットやはちみつなどのニュアンスも。甘口から辛口までさまざまな味わいがあり、基本的にはアルコール度数もそんなに高くないので、強いお酒が苦手な人にもおすすめ。栽培には寒い地域が適している。

主な産地／ドイツ、フランス・アルザス地方、オーストラリア、アメリカ・ワシントン州など

**●シュナン・ブラン**

特筆すべきは、味わいの多様性。爽やかな辛口からほんのり甘さを感じるもの、そして極甘口まで、生み出す味わいの多彩さには目を見張る。おもしろいのは、蜂蜜や花、メロンのような甘い香りをもちながら、口に含むと引き締まった酸味というように、いい意味で香りと味わいが裏腹なタイプもあること。熟成するとよりリッチな香りと複雑な味わいに変化する。

主な産地／フランス・ロワール地方、南アフリカなど

●ゲヴュルツトラミネール

グラスから漂う、独特の強い甘い香りがこの品種の最大の特徴。ライチや桃、アプリコット、バラなど、とにかくアロマティック。飲むとたっぷりとしたコクがあり、この品種のワインをはじめて飲むと、「こんな白ワインがあったのか」と新鮮な驚きがあるだろう。女性に薦めると喜ばれる確率が高い。

主な産地／フランス・アルザス地方、ドイツ、アメリカ・カリフォルニア州、チリなど

●ヴィオニエ

この品種から造られるワインは、白い花やムスクを思わせる華やかで甘い香りで、白桃やあんずなどエキゾチックな果実味がある。クリーミーでトロリとした舌触りが特徴で、アルコール度数が高め。好きな人は、かなり好きな品種。南フランスの高級ワインとして有名だが、近年ニューワールドでも栽培されている。

主な産地／フランス・コート・デュ・ローヌ地方、フランス・ラングドック地方、アメリカ・カリフォルニア州、オーストラリアなど

●マスカット

生食用で人気の品種。辛口から甘口まで造られるが、よく知られているのは、コンビニなどでも売られているイタリアの甘口の発泡ワイン『アスティ』ではないだろうか。フランスではミュスカ、イタリアではモスカートと呼ばれる。フランスのアルザス地方では辛口のワインが造られる。

主な産地／フランス・コート・デュ・ローヌ地方、フランス・ラングドック地方、フランス・アルザス地方、イタリア・ピエモンテ州など

●ミュスカデ

口中をすきっとさせる酸味が心地よい、基本的には辛口ワインが造られる。淡くりんごや柑橘類などの香りがあるが、個性が弱めの品種。香りとコクを出すために、ワインの澱とともに熟成させる「シュール・リー」という

独特の製法で造られる。

主な産地／フランス・ロワール地方

●セミヨン

フランス・ボルドー地方ではソーヴィニヨン・ブランとブレンドされ、オーストラリアでも単品でワインの原料とされる品種だが、一方で、とろりと甘い黄金色の貴腐ワインの原料にもされる。フランス・ボルドー地方のソーテルヌ地区では、この品種から貴腐ワインの最高峰と名高い『シャトー・ディケム』が造られている。

主な産地／フランス・ボルドー、オーストラリアなど

●ガルガネーガ

北部ヴェネト州のワイン『ソアーヴェ』の原料として有名な品種。このワインは「気持ちいい」という意を持つだけあり、地元では夏に冷やしてがぶがぶ飲むのに最適とされている。

主な産地／イタリア・ヴェネト州など

---

## 赤ワイン

●カベルネ・ソーヴィニヨン

世界でもっとも有名な赤ワイン用のぶどう品種と言っても過言ではないだろう。高名な、ボルドーの特級ワイン・五大シャトーの主要品種。渋味と酸味が強く、若いうちは飲みにくく感じるが、長く熟成させると驚くほどに複雑で洗練された味わいに。アメリカ・カリフォルニアの『オーパス・ワン』や、イタリアやスペインのスーパーワインと呼ばれるものにも使われている。名立たる偉大なワインに使われる一方で、その対極にある1000円以下の安価なワインもニューワールドなどから生まれているのは興味深いところ。栽培地域も広く、手に入りやすい価格のものも多いので、世界中のカベルネ・ソーヴィニヨンを飲み比べるのもおもしろい。

主な産地／フランス・ボルドー地方（メドック地区）、イタリア、アメリカ・カリフォルニア州、オーストラリア、チリ、南アフリカなど

**●メルロー**

しっかりとした果実味やボリュームが肉厚なところは、熟したカベルネ・ソーヴィニヨンと似ているが、酸味と渋味はより穏やかで、非常にまろやかな飲み心地は「ビロードのようなのど越し」と表現されることも。カベルネ・ソーヴィニヨンとピノ・ノワールの中間的な存在とも言える。そのせいかブラインドテイスティングをすると、ワインを飲み慣れた人でもどちらか迷うことがある。ボルドー地方では、カベルネ・ソーヴィニヨンにブレンドされることが多いが、ポムロール地区の『シャトー・ペトリュス』は、この品種で造られた名作ワイン。超高級で、入手も困難。

主な産地／フランス・ボルドー地方、イタリア北東部、アメリカ・カリフォルニア州など

**●ピノ・ノワール**

ワインを飲まない人でも一度は聞いたことがあるであろう『ロマネ・コンティ』。ものによっては1本何百万もする高級ワインだが、これはピノ・ノワールが使われる赤ワイン。フランス・ブルゴーニュ地方の、ワインと同名の畑「ロマネ・コンティ」のみのぶどうを使って造られている。ブルゴーニュの赤ワインは、一部地区を除き、この品種が多い。たいていの場合、ほかのぶどうをブレンドせずにワインを造るため、仕上がりに土壌や気候、醸造方法の小さな違いが現れる。それが、ワイン好き、とくにマニアが虜になってしまう理由のひとつ。栽培が難しいため、価格が高めになってしまうが、それでも多くの人をひきつける魅力がある。

主な産地／フランス・ブルゴーニュ地方、ドイツ、イタリア、アメリカ・カリフォルニア州、オレゴン州、ニュージーランドなど

**●シラー／シラーズ**

南仏やオーストラリア、カリフォルニア、南アフリカなど、温暖な地域で栽培されている品種で、黒みがかった濃い色からはしっかりとした果実味、酸味、渋味を想像させる。カベルネ・ソーヴィニヨンと共通した濃厚な味わいを感じるが、違いは、スパイシーで複雑な香り。フ

ランスではシラー、ニューワールドではシラーズと呼ばれる。

主な産地／フランス・コート・デュ・ローヌ地方、フランス・ラングドック地方、オーストラリア、アメリカ・カリフォルニア州、南アフリカなど

●カベルネ・フラン

カベルネ・ソーヴィニヨンの親にあたる品種で、酸味や渋味は穏やかで、繊細な味わい。ボルドー地方ではカベルネ・ソーヴィニヨンにブレンドする補助品種とされるが、サンテミリオン地区の『シャトー・シュバルブラン』はこの品種を主体に大成功を収めている。ロワール地方では単体、もしくは主体のワインが造られている。

主な産地／フランス・ボルドー地方、フランス・ロワール地方など

●グルナッシュ

赤ワイン用のぶどう品種としては、世界最大の生産量。濃厚だが、渋味と酸味はまろやかで、フルーツのニュアンスたっぷりの、甘い感じのする味わい。原産地はスペインで、ガルナッチャと呼ばれる。

主な産地／フランス・コート・デュ・ローヌ地方、フランス・ラングドック地方、スペインなど

●サンジョヴェーゼ

イタリアで最もポピュラーな赤ワイン用の品種で、強い酸味が特徴。この品種を主原料として造られるワインで有名なのが、中部トスカーナ地方の『キャンティ』や『ブロネロ・ディ・モンタルチーノ』。

主な産地／イタリア・トスカーナ州など

●ネッビオーロ

イタリアの最高級ワイン『バローロ』『バルバレスコ』の原料となる品種。両者とも酸味が強く、前者は渋味も強い。熟成に時間がかかるが、飲みごろを迎えると、トリュフのような香りと、風味豊かなうっとりとするような味わいに。

主な産地／イタリア・ピエモンテ州など

●ジンファンデル

ひと言で表すなら「ジャミー」。ジャムのような甘い香りと味わい、ドライフルーツやスパイスのニュアンスが特徴の品種で、ワインのタイプは、軽いフルーティーなものから熟成型の濃厚なものまでさまざま。カリフォルニアを代表する品種で、ホワイトジンファンデルもあり、ロゼが造られる。

主な産地／アメリカ・カリフォルニア州

●マルベック

「黒ワイン」と言われるほど、この品種からは造られるワインは、限りなく黒色に近い濃い色になる。パワフルな渋味のリッチな味わいは、濃厚な赤ワイン好きにはたまらない。ボルドーでは補助品種だが、この品種に力を入れるアルゼンチンでは単体のワインが造られる。

主な産地／フランス・南西地方（カオール）、アルゼンチンなど

## 逆引き品種辞典

飲みたい味わいのイメージから品種を引き当てる。例えば、「すっきりとした白ワイン」とオーダーした場合、どんな品種が出てくるか、ということ。該当する品種がひとつのものもあれば、いくつかあるものもあるので、当てはまる可能性のある代表的なものを記した。また、同じ品種でも生産地によって特徴が違う場合もあるので、生産地も記した。生産地の指定がないものは、その品種全般と思っていただいてよい。

### 白ワイン

●とても辛口な白ワイン

**A　シャルドネ**（フランス・ブルゴーニュ地方・シャブリ地区）　辛口ワインの代名詞とも言える、世界的に有名なシャブリは使用品種がシャルドネ。A、B、Cどれも辛口だが、なかでも一番スッキリとむだのない味わ

い。

**B　リースリング**（フランス・アルザス地方）　甘口のワインも造られる品種だが、アルザス地方のものは、この3種のなかで一番酸味があり、華やかな甘い香り。もちろん味わいは辛口。

**C　ミュスカデ**（フランス・ロワール地方）　発酵後、ワインに沈殿した澱を除かず、そのままの状態で置いておく「シュール・リー」という特殊な醸造法により仕上がる、風味のある辛口ワイン。

**●シャープな酸味の白ワイン**

**A　リースリング**（フランス・アルザス地方）　A、Bともにフランス北部のワインなので、ニュアンスの似た味わいだが、こちらの方が酸味がややシャープ。

**B　ソーヴィニヨン・ブラン**（フランス・ロワール地方）　草のような青っぽい香りが漂う酸味。ロワール地方のサンセール地区のもの、またはプイィ・シュル・ロワールという町一帯で造られる『プイィ・ヒュメ』。

---

**●香りは甘い感じだが、辛口の白ワイン**

**A　シュナン・ブラン**（フランス・ロワール地方）　甘い香りのわりに、実はしゃっきりとした味わいと飲み口。酸味と潮っぽさ（ミネラル）があり、引き締まった感じ。

**B　シャルドネ**（フランス・ブルゴーニュ地方）　オーク樽で熟成させたこの地方のシャルドネは、香りは蜜っぽい感じでが、辛口の味わい。酸味は控え目。

**●辛口でも甘口でもない白ワイン**

**シュナン・ブラン**　ワイン自体は辛口なのだが、蜂蜜や白い花のような華やかな香りがあり、ほんのり甘さを感じるものも多いため、印象は辛口でも甘口でも、ない。

**●甘口の白ワイン**

**A　マスカット**　生食用マスカットの印象そのままの華やかさ。イタリアではモスカートと呼ばれ、有名なのは『アスティ』。南仏のミュスカと呼ばれる品種も同系で、天然の甘口デザートワインが造られる。ただし、アルザス地方のミュスカは辛口。

**B　リースリング**（ドイツ）　フレッシュな辛口も造られる品種だが、ドイツでは、やや甘口、遅摘みの甘口、貴腐ワインなど、世界に名立たるデザートワインが造られている。

**●ハーブのようなすっきりとした白ワイン**

**ソーヴィニヨン・ブラン**　「ハーブ」と言えばこの品種のワイン。青草のような爽やかな香りで、酸味も引き締まっているので、「すっきり」という言葉がぴったり。

**●スモーキーな感じの白ワイン**

**A　シャルドネ**（フランス・ブルゴーニュ地方）「スモーキー」といえば、オーク樽で熟成させてできた香りを指すことが多い。樽の香りがする白ワインの代表と言えば、フランス・ブルゴーニュ地方のシャルドネ。蜜っぽい感じの香りで、酸味は控えめ。

**B　ソーヴィニヨン・ブラン**（フランス・ロワール地方）　ソーヴィニヨン・ブランといえばハーブのような植物系の爽やかな香りの品種と言われるが、いぶしたようなスモーキーな香りを感じるものもある。引き締まっていて、酸味はくっきり。

**●スパイシーな白ワイン**

**ゲヴュルツトラミネール**（フランス・アルザス地方）　ドイツ語でハーブや薬の意「ゲヴュルツ」。金木犀など濃い色の花の香りのなかに、白い胡椒っぽいスパイスのような香りが漂う。この地方のものはコクがあるが辛口。

**●こっくりとした白ワイン**

**A　ヴィオニエ**（フランス・コート・デュ・ローヌ地方またはラングドック地方）　見た目から粘度のある、あんずや桃の絞り汁のようなトロッとした質感。ライチやムスクなど華やかな香りだが、アルコール度数が高めで、たっぷりとした飲み応え。

**B　シャルドネ**　樽で長期熟成させたフランスのシャルドネは、蜂蜜のような黄金色をたたえ、香りも甘く、ぽってりとした質感。ニューワールドのものはトロピカルな感じ。

## 赤ワイン

**●甘い感じのするような赤ワイン**

**A　カベルネ・ソーヴィニヨン、メルロー**（ニューワールド）　ヨーロッパ、とくに北ヨーロッパ産のこのふたつの品種は辛口タイプだが、ニューワールドには、果実味がたっぷりで、バニラアイスのような感じのものも。

**B　シラーズ**　ムスクやライチのような香り。シラーズとは、オーストラリアをはじめニューワールドのもので、フランスのシラーは辛口傾向。

**●フルーツを搾ったような赤ワイン**

**A　ガメイ**（フランス・ボージョレ地方）　ボージョレ・ヌーボーの品種。特徴は、キャンディのような香り。ベリー系の透明の赤いあめ玉やバナナの皮のような感じ。

**B　ピノ・ノワール**　ピノ・ノワールは小さい赤い果物、ストロベリー、ラズベリー、クランベリーのよう。北ヨーロッパ産だと酸味があるが、ニューワールドのものは穏やかなので、より果物のよう。

---

**C　メルロー**（ニューワールド）　A、Bのように透明な赤いフルーツではなく、カシスやプルーン、黒っぽい果物の感じ。より濃い果物のニュアンスを求めるなら、こちらをセレクト。

**●少し冷やして飲みたい、ほんのり甘い感じのする赤ワイン**

**ピノ・ノワール**（アメリカ・カリフォルニア州）　北ヨーロッパ産のピノ・ノワールは冷やすと酸味が際立つが、ニューワールドのものは果実味タイプで、いちごみたいに甘酸っぱさがあるので、冷やしても美味。

**●酸味が強い赤ワイン**

**A　ピノ・ノワール**（フランス・ブルゴーニュ地方）　酸味が強い赤ワインの代表格が、ピノ・ノワールでも北ヨーロッパ産のもの。口がすぼまるようなキュッとした感覚。

**B　カベルネ・ブラン**（フランス・ロワール地方）　こちらも口がすぼまるような酸っぱさだが、色味がAよりも濃いめ。

**C　サンジョヴェーゼまたはネッビオーロ**（イタリア）　A、Bよりは穏やかな酸味だが、いずれにせよ表現的には「口が閉じられるような」感覚。

**●しっかりとした渋味の赤ワイン**

**カベルネ・ソーヴィニヨン**　ヨーロッパ、ニューワールド問わず、一般的に想像される赤ワインのイメージ通り。ただし1000円台のもので渋味を感じるのは難しい。

**●しっかりしているけど飲みやすく柔らかな赤ワイン**

**メルロー**　濃厚だが、若いカベルネ・ソーヴィニヨンのようにとげとげした感じはなく、限りなく滑らかな舌触りでミルキー。

**●濃いのに渋味が強すぎない赤ワイン**

**シラー**（フランス）　低価格であることが条件。色、香りは濃いが、意外に渋味は穏やか。高級なシラーは渋味もしっかりとしている。

**●とにかく濃い！赤ワイン**

**A　マルベック**（ニューワールド）　野趣のある、ワイルドな渋味。色は限りなく黒に近い。パワフルのひと言。

**B　シラーズ**　たっぷりとした果実味で、かなり濃厚で芳醇。香りや風味が個性的。

**C　ジンファンデル**　いちじくや、あんずをドライフルーツにしたような濃厚な甘さのニュアンス。

**D　カベルネ・ソーヴィニヨン**　価格の高い安いに関わらず、この品種メインであれば、クオリティはさておき、果実味が濃い！　メンソールやユーカリのようなスッとした感じも。

**●スパイシーな赤ワイン**

**シラー／シラーズ**　スパイシーな赤ワインの代名詞がこの品種。胡椒やクローブな香辛料のような香りを感じる。

**●軽めの赤ワイン**

**A　サンジョヴェーゼ**（イタリア）　程よい酸味があり、

渋味も心地よい。価格が安いほうが、軽快さを感じやすい。

**B　メルロー主体**（フランス・ボルドー地方）　ボルドー地方の価格が安めのものは、滑らかで食事の邪魔をしない。ボルドーの赤で価格が安めということは、カベルネ・ソーヴィニヨン主体ということはあまりない。

---

## ワインの味わい表現辞典

「エレガントな味わい」「官能的な香り」など、ワインを表す台詞。「具体的にはなにを表しているの？」と思ったことはないだろうか。よく聞く、いわゆるワインを表現する言葉が、一体どんな味わいを指しているのか、平易な言葉で解説してみた。

### 白ワイン

●**フレッシュ**　ヴィンテージが新しいワインとほぼ同義語。

●**さっぱり**　酸味はほどほどにあり、最後の切れ味がよい。

●**香ばしい**　樽熟成をさせたものに多く使う言葉。クリスピーやクラッカーなど小麦粉を焼いたようなら品種由来。「シュール・リー」という特殊な醸造をしたものにも感じられることもある。

## 白・赤ワイン両方

●**繊細**　第一印象は抑え気味だが、よく味わうと深い味わいで、余韻が長い。無駄がない、スリムな感じ。北ヨーロッパタイプのワインに多い。
●**こなれた味**　熟成された味わい。酸味が穏やかで、渋味の角がとれている。
●**舌に心地よい**　ただ単に飲みやすいだけでなく、程よい刺激がある。
●**口当たりがソフト**　とろみやまろみなど粘性があり、酸味が少ない。
●**ゴージャス**　味わい、香りが多岐に渡る、複雑味のある味わい。
●**リッチ**　濃縮された。濃さのなかに、酸味や渋味、うま味、コクなどほかの味わいの構成要素を多く含むもの。
●**凝縮感**　濃い味わい。
●**緻密**　高級ワインとほぼ同義語。「凝縮」は濃いだけだが、こちらは味わいの構成要素がたくさんあること。これを複雑という人もいる。

●**華やか**　熟した果物や花など、甘いような香りを擁する。果実の状態でよく熟したもの、すなわちよい日照条件の畑で育ったぶどうから造られたワイン。木の新樽で熟成させたものも。
●**ふくよか**　丸いとほぼ同義語で、果実味のふくらみが広がる感じ。
●**ボリュームのある**　口に含んですぐにインパクトが感じられる。厚みがあると同義語で、繊細の対義語。北ヨーロッパのワインに感じられたら、かなりいい畑や環境で育ったことを意味する。
●**骨格のある**　白で言えば酸味とうま味がしっかりしている。赤の場合は渋味とうま味がしっかりしている。
●**エレガント**　味、香り、色味が多岐に渡るが、全てが出しゃばらずにさりげない。
●**上品な**　大げさな味わいではないが、奥ゆかしい深い味わい。
●**スパイシー**　刺激的でツンとした感じ。胡椒や乾燥ハーブ、紅茶の茶葉、ドライフラワーなど。
●**バランスのよい**　果実味、辛さ、酸味、渋味のほか、コク、うま味、余韻が備わっている。また、果実味と酸味のふたつの釣り合いがとれている場合にも使われる。

## 赤ワイン

●**細かい舌触り**　渋味（タンニン）が粗くないこと。
●**小さい赤い果実**　ストロベリー、ラズベリー、クランベリーのニュアンスをもつもの。多くの場合ピノ・ノワールを指す。ほかにガメイも。
●**黒い果実**　多くの場合、メルロー、カベルネ・ソーヴィニヨンを指す。カシスのような風合い。
●**熟した果実**　甘さを連想させる香りのこと。
●**パワフル**　渋味の場合は若い渋味、果実味の場合はインパクトのあるもの。このふたつを備えていると、相当パワフル。
●**滑らか**　粘性があり、果実味に加え、心地よいまろやかな酸味もあるときに使う。また、熟成によって渋味の角がとれているもの、もともと渋味がないものにも使う。
●**官能的**　甘い香りや、スパイスやお香のようなエキゾチックな香り。若さはないが、五感に訴えてくるような多感的なニュアンスがあるもの。
●**キャンディのよう**　ボージョレ・ヌーヴォーを造る品種ガメイに見られる。ほかにも日本の固有品種マスカット・ベリーAや、ニューワールドのピノ・ノワール。
●**男性的**　香りが強く、味わいは濃くて、渋くて、スパイシー。野性的とほぼ同義語で、繊細、エレガントと対義語。

# さらに、あとがき

書店へ行くと、「ワイン」がひとつのコーナーになっていて、たくさん関連本が並んでいるところは、いまでは珍しくなくなりました。立派な装丁でラベルのカラー写真があり、ありえないおいしさ（私が言う10点以上）の上級ワインや、コスパ抜群安ウマなどと特選銘柄を載せた紹介本、評論家の評価点数が解説とともにダーっと記してあるガイドブックなど、さまざまです。

私はおかげさまでたくさん試飲したワインのなかから、自分で選ぶことができる立場にいるので、いまはあまりこの手の本を必要としておりませんが、みなさまの場合、とくに身近な小売店舗になればなるほど、ワインの味見はまったくできませんし、端から全部買って飲んでいくワケにもいかない。そこでの頼りになるのは、店頭のＰＯＰか、ワインの裏ラベルしかありません。そういった意味では、書店に並ぶ書籍の数々は参考書としては重宝しますね。

今回、執筆依頼を受ける際、編集者（N嬢）から、「コレを読んだらワインにより近づいていくことができる」「ワインをより楽しめるようになる本にしたい」とのお話がありました。なので本書は、みなさまが、ワインが置かれているさまざまな販売店や飲食店の「現場」で、どのように言動すればお望みのワインを手にする、飲むことができるかを軸に肉付けしていったものです。

共著者である柴田さんは、2006年春に、ワインでつながった知人からの紹介で、ワインの勉強がしたいと店の手伝いをしばらくしてもらって以来、その後数々の雑誌などの取材でもお世話になった人です。本書の骨組みから始まり、詳細に至るまでたくさんの質疑応答を繰り返しました。ときには編集のN嬢に随行いただいて「現場」での言動・やり取りもありました。お付き合いありがとうございます。

それらをこのような文章に仕立て上げてくれたのは、柴田さんのおかげです。さらに随所で助言いただいた編集の長澤香絵さん（N嬢）、私の描いた図表の拙い起案を見映えよく仕上げ直してくださったデザイナーさん、執筆にあたりさまざまな質問・要望に応えてくださった方々へ感謝申し上げます。

私がワインを飲むようになったのは、人工サファイアの仕事をしていた1994年のことです。原材料を購買するための視察にフランスの化学メーカーを訪ねたのですが、初日午前中の打合せを終えてさて休憩、場所は会議室だったのですが、用意されていたのはランチだけでなく、なんと数本ものワイン！　どちらかというともてなされる側ですので安心？　して御相伴になり、相手側も普通に飲んでいました。いまの時代は違うのかもしれませんが、「これがフランス式か～」と感じたものです。

夜は夜でレストランでの食事とともに何種類と飲み、宿に帰ってまたスーパーで買ってきたワゴンセールの1本7フラン（当時1フラン23円くらい）の赤ワインで晩酌です。短い滞在でしたが、食事の度にさまざまな味わいのワイン（名前はなに1つ覚えていませんが）に触れていくうちに、自分のなかに沸き起こってきたのは、「どうして酒呑みとしてワインというアルコールを飲まなかったのだろう」ということでした。

90年代半ばの日本と言えば、当時私の住んでいた都心近郊でもスーパーや、とくにコンビニでは酒販免許の関係もあり、いまほどワインは並んでいない時代でした。飲んだり食べたりは学生時代から大好きで、身の回りにあるアルコール飲料の大抵には触れてはいましたが、ワインは私にとって触れる機会のない存在で、いまを思えば「最後の酒」でありました。さまざまな方から、ワインを飲むキッカケ話となると、とある銘柄のワインに触れて感動して以来飲むようになったという話はたくさん聞きますが、私の場合は「ワインも嗜まなければ酒呑みとは言えない、もっと飲まなくてはいけない」という義務感に駆られたのが正直なところです。

日本に戻って、身近で買えるワインを手当たり次第いろいろと飲んでみました。でも大枚をはたいたわりには満足度が少ないものもあり、これはいよいよ本気で付き合わなければいけないなと、専門書を読んでは飲み比べたり、仲間を集めて飲んだり。すると、わかってくるのが楽しくて一気にのめり込んでいったようです。

もともとモノづくりが好きで、その道で独立してみたいとの思いがありましたが、いつしか「好きなこと」で身を立てようと変わっていきました。そんな人生のタイミングに出会ったのがワインで、知れば知るほど大好きになりました。しかし、まだ日本ではほとんどその魅力は知られていない、ならば自分がやってやろう、それがビジネスにもなるだろう……と、ワインの仕事を転々としたのち、「たるたる」を開業し、いまに至っています。

ワインの味わいを構成する要素は、本文で挙げた果実味・辛さ・酸味・渋味だけでなく複数に渡り多次元的で、紙面という二次元で整然と解説していくことはとても難しいですが、本書は、これまで私が触れてきたたくさんのワインのなかからどう選抜し、どう分類して、どうお客様に対してお見立てしていったか、の現時点での総括であり、本書がみなさまのワインの世界のなかで道標や標識となれば幸いです。栽培・醸造学の観点からの掘り込みが十分でなかった点は御指摘いただくとして、本書の根底にある「ワインを普及していく」という目標に免じて何卒御容赦いただきたいと存じます。

ワインが好きになり、自分がおいしいものを見つけて飲んで嬉しい、ひとりでなく群れて飲むのがワインですから、周りと共有できて仲間が増えていくのが嬉しい、となり、群れることで、ひとりでは買えない、行けないところにまで足を延ばすこともできました。そしてみんなに飲んでもらいたいと店をはじめ、どうだウマいだろうと他人にすすめて喜んでもらう、新たなお客さまが増え、「『たるたる』に通うようになってワインを飲むようになった」との冥利に尽きるお言葉を頂戴することもできました。

そして日々世界各国さまざまなワインに触れてきたことで、海外で暮らしたことはないのですが、ワイン生産地ならば少なくとも飲むこと食べることで困ることはなさそうです。

今回の著作にあたりベースとなったものは、日本に輸入され流通している世界各国のワインを試飲してきた記録です。機会を提供いただいた輸入元をはじめとする関係者さまにこの場を借りて御礼申し上げます。そしてやはり、日々「たるたる」にご来店いただいたお客さまとのやり取りで鍛えられたからこそであり、重ねて御礼申し上げます。

この日本の手に届くところに、これだけ幅広い味わいのものがあり、状況に応じて選び、味わい分けることができたらこんなに楽しいことはありません。この楽しさをもっと発信していけるよう、これからも精進してまいります。

これからこの日本が、より文化的な暮らしと、海外との関わりを進めていくなかで、広義の食で、ワインがもっともっとその役割を担っていくことを願って止みません。

二〇一四年クリスマスを前に

伊藤博之

# 参考文献

◇日本ソムリエ協会『ソムリエ・ワインアドヴァイザー・ワインエキスパート日本ソムリエ協会教本』2014
◇ワイン学編集委員会『ワイン学』産調出版、1991
◇ジェイミー・グッド著、梶山あゆみ訳『ワインの科学』河出書房神社、2008
◇ジェイミー・グッド著、梶山あゆみ訳『新しいワインの科学』河出書房新社、2014
◇渡辺正澄、藤原正雄『ワインと料理の相性診断』講談社、1988
◇渡辺正澄、藤原正雄『ワイン常識がガラリと変わる本』講談社、1997
◇渡辺正澄、藤原正雄『ヨーロッパワイン美食道中』講談社、1994
◇メルシャン（株）商品開発研究所 2010年『世界が注目！魚介とワインの組み合わせで発生する生臭い「におい」のメカニズムを解明 田村隆幸』
http://www.kirin.co.jp/company/rd/result/closeup/02.html
◇酒類総合研究所『お酒のはなし 酒類総合研究所情報誌平成25年3月1日№3』

http://www.nrib.go.jp/sake/pdf/SakeNo03.pdf
◇Enology Notes #170 August 29, 2014
Grape Maturity Issues Section 3 PDF
◇若生ゆき絵『ワインの基礎知識―知りたいことが初歩から学べるハンドブック』新星出版、２０１１
◇種本祐子『新版 初歩からわかる超ワイン入門―ワインの達人が、品種→国・地域→蔵元の順に、おいしいワイン２５０種をナビ』主婦の友社、２００９
◇花崎一夫『もっとワインが好きになる―必携Ｗｉｎｅ好きノート』小学館、１９９８
◇東原和成、佐々木佳津子、伏木亨、鹿取みゆき『においと味わいの不思議 知ればもっとワインがおいしくなる』２０１３、虹有社

**伊藤博之**　いとう・ひろゆき

「わいん厨房たるたる」オーナーソムリエ兼シェフ。埼玉県生まれ。芝浦工業大学工業化学科卒業後、素材メーカーに研究者として勤務するが、フランス出張をきっかけにワインに目覚め、２０００年、東京都・銀座に「たるたる」を開店。ソムリエ協会認定ワインエキスパート取得、ソムリエ協会認定ソムリエ取得。

**柴田さなえ**　しばた・さなえ

食あれこれライター。東京都生まれ。食と旅を得意とする編集・ライティングユニット「おいしいしごと」主宰。「東京カレンダー」「家庭画報」「ＦＲａＵ」などで、ワイン特集記事を企画・執筆。

日経プレミアシリーズ｜271

**男《おとこ》と女《おんな》のワイン術《じゅつ》**

二〇一五年一月一三日　一刷
二〇一五年二月　六日　三刷

著者　伊藤博之　柴田さなえ

発行者　斎藤修一

発行所　日本経済新聞出版社
http://www.nikkeibook.com/
東京都千代田区大手町一―三―七　〒一〇〇―八〇六六
電話（〇三）三二七〇―〇二五一（代）

装幀　ベターデイズ

印刷・製本　凸版印刷株式会社



ISBN 978-4-532-26271-6　Printed in Japan

日経プレミアシリーズ247

## 男のパスタ道

土屋　敦

えっ、オリーブオイルを使うなだって!? シンプルだからこそ奥深い、ペペロンチーノの世界。パスタの選び方、塩の必要量、ゆで時間、ニンニクの切り方、塩と油の使い方……。究極の一品をつくる思考を身につければ、どんな料理にも応用できる。1冊で1品、誰も読んだことのない「革命的レシピ本」が誕生した。

日経プレミアシリーズ059

## うまい蕎麦

細川貴志

本物の食材を追求し日本全国を訪ね、日々の仕事に真剣に向かい合う。「うまい蕎麦」を生み出すために、職人は何をやっているのか。そして蕎麦を心から楽しむためのヒントとは。世界が認めた職人が大いに語る、蕎麦好き必読の一冊。

日経プレミアシリーズ084

## ほんとの野菜は緑が薄い

河名秀郎

有機マークが付いていれば農薬の心配はないのか、「無添加」表示があれば安全なのか。数ある情報の中からほんものを見分けるためには？　農薬も肥料も使わない「自然栽培野菜」の普及に携わり続けた著者が語る、食を取り巻く衝撃の事実。そして、自然の野菜に学ぶ真のナチュラルライフ、心地のいい暮らし方とは？